Child Care Practice

보육실습

매뉴얼 & 실습일지

박은주·박금희·오숙자·우수희 공저

동문사

머리말

최근 보육문제를 해결하기 위해 국가가 그 중요성을 인식하면서, 보육의 공공성을 강화하고 보육서비스의 질을 높이기 위해 노력하고 있다. 그러한 방안으로 보육교사 자격증제도, 어린이집의 평가인증제 등이 강화되었다. 그러나 아직도 질적 보육의 요구는 충족시키지 못하고 있는 실정이다.

특히 보육의 질은 보육교사의 질에 달려 있으므로, 대학교와 보육교사 교육원에서 보육이론 및 보육실습을 강화하여 질 높은 보육교사를 양성하여야 되겠다.

따라서 보육실습생들이 보육실습을 나가기 전에 보육실습과 관련된 준비를 하도록 안내해 주고, 실제로 보육실습생들이 보육실습을 수행하기 전에 도움이 되고자 이 책을 발간하게 되었다.

이 책의 내용은 보육실습을 나갔을 때 도움을 받을 수 있도록 보육실습의 이해, 보육실습기관의 유형과 보육실습 관계자의 역할, 보육실습의 단계 및 준비, 보육실습의 내용, 보육실습의 평가로 나누어 살펴보았다.

끝으로, 이 책의 내용이 보육실습생들에게 실제적인 도움이 되기를 희망한다. 그리고 부족한 부분은 차후에 수정・보완할 것이며, 『보육실습』 출간에 응해 주신 동문사 임직원 여러분께 깊은 감사를 드린다.

2016년 8월

박은주・박금희・오숙자・우수희

차 례

제 1 장 보육실습의 이해

제 2 장 보육실습기관의 유형과 보육실습 관계자의 역할

제 3 장 보육실습의 단계 및 준비

제 4 장 보육실습의 내용

제 5 장 보육실습의 평가

제 1 장

보육실습의 이해

1 보육실습의 정의

보육현장에서 보육실습생들이 보육실습 지도교사의 지도하에 보육과정을 경험하고, 실제적으로 훈련 · 연구하는 과정(류왕효, 2005)인 보육실습이란 보육교사가 되고자 하는 학생이 보육실습 지도교수와 기관의 보육실습 지도교사로부터 지도를 받고 실제 현장에서 보육교사로서의 역할을 경험하는 교육활동이다(서혜성 외, 2007). 그리고 보육실습생 또는 실습생들이 실제 보육현장에서 교사로서의 역할을 경험해 봄으로써 보육교사가 갖추어야 할 지식, 기술, 태도 등을 형성 · 발달시켜 나가는 과정이다(박낭자 외, 2007). 또 향후 어린이집 교사 자격증을 받고 교사가 되고자 준비하는 학생이 어린이집 현장에서 보육실습생의 역할을 직접 경험해 보는 과정이다(한국보육진흥원, 2013).

따라서 보육실습생으로서 현장실습인 보육실습은 보육교사로서의 역할을 사전에 연습하는 준비과정이며, 보육교사가 되기 위한 필수적이고 핵심적인 과정이다.

2 보육실습의 의의

보육실습의 구체적 의의(이소희 외, 2006)는 다음과 같다.

① 보육현장에 참여하여 직접 보육과정을 경험함으로써 보육교사직에 대한 인식을 새롭게 할 수 있다.
② 보육교사로서 필요한 지식과 기술을 획득하는 과정을 알게 된다.
③ 현직교사의 교수법을 관찰하고 배우는 기회를 갖는다.
④ 영유아들과 직접 접촉하는 경험을 통해서 영유아에 대한 이해를 높이는 기회를 갖는다.
⑤ 시설에서 정한 일정 기간의 직접적인 교수경험을 통하여 교직의 단면을 체험하는 기회를 갖는다.
⑥ 보육교직원들과 역동적인 인간관계를 체험함으로써 인간관계의 중요성을 인식하게 된다.
⑦ 보육시설 운영에 필요한 관리기술을 관찰하고, 배우는 기회를 갖게 된다.
⑧ 보육시설의 전반적인 운영 과정을 파악할 수 있다.
⑨ 보육시설과 지역사회와의 연계에 대해 이해하게 된다.
⑩ 보육실습생으로서의 자신을 평가해 보는 기회를 갖게 된다.

3 보육실습의 목적

훌륭한 보육교사 또는 바람직한 보육교사 양성(이소희 외, 2006)을 위한 보육실습의 궁극적인 목적은 바람직한 보육교사를 양성하기 위하여 이론을 적용하고, 기술을 연마하고, 교육관을 확립하고, 자기 자신을 검증하며, 현장을 이해하도록 하는 데 있다.

보육실습의 목적(박낭자 외, 2007)을 구체화시켜 보면 다음과 같다.

① 영유아 보육현장을 이해하는 과정이다.
② 영유아 보육이론을 실제로 적용하는 과정이다.
③ 보육교사로서의 전문성을 준비하는 과정이다.

④ 보육 전반에 관한 내용과 문제점 파악을 통해 새로운 시각을 형성하는 과정이다.
⑤ 보육교사로서의 적성과 능력을 점검하는 과정이다.

4 보육실습의 효과

보육실습생으로서 현장실습인 보육실습은 의미 있는 경험이며, 긍정적인 경험과 부정적인 경험 모두 앞으로 보육교사로서 근무하는 데 큰 영향을 미치게 된다.

보육실습의 긍정적 효과와 부정적 효과(서혜성 외, 2007)는 다음과 같다.

(1) 보육실습의 긍정적 효과

① 영유아기에 대한 이해
② 수용적이고 비편견적인 태도
③ 개인차 인정
④ 교수에 대한 준비와 신중함
⑤ 영유아를 바르게 파악하고 이해하는 능력
⑥ 교수의 목적과 목표를 이해하는 능력과 교수 방법의 정교화
⑦ 학습동기의 유발능력
⑧ 문제를 가진 영유아를 수용하고 문제를 해결해 주려는 태도
⑨ 영유아 중심 교수 방법을 선호하는 태도
⑩ 민주적으로 학급을 운영하는 태도 등의 증가

(2) 보육실습의 부정적 효과

① 보육교사직에 대한 갈등과 영유아 등에 대한 관점의 변화
② 더 권위적이고 관료적인 태도
③ 실습 이전엔 바람직하지 않다고 생각하던 교수 방법 사용
④ 집단적이고 획일적인 활동 선호
⑤ 더 지시적이고 강화를 적게 한다.
⑥ 보다 현실적이고 안일한 태도

⑦ 보육실습 기간에 그들이 경험한 것들이 실제 현장의 전부이자, 보육교사로서 할 수 있는 최선이라고 생각하게 됨

이러한 부정적인 효과를 줄이기 위하여 적절한 보육실습기관을 선정하도록 한다. 그리고 보육실습을 하는 보육실습생과 보육실습 지도교사, 그리고 보육실습 지도교수 간의 긴밀한 협조체제를 이루어 보육실습이 계획적·체계적으로 이루어지도록 노력해야 한다.

5 보육실습의 유형

1) 사전실습

보육실습생이 보육현장을 이해하고 정규실습에 대한 두려움을 줄여 정규실습의 효과를 높일 수 있도록 정규실습 이전에 이루어지는 사전준비 과정이고(박낭자 외, 2007), 정규실습 이전에 1회 또는 여러 차례에 걸쳐 단기간이나 일시적으로 현장 경험을 하게 하는 실습과정이다(이소희 외, 2006).

2) 정규실습

교사자격 획득을 위한 필수과정으로서, 정해진 기간 동안 보육실습 지도교수와 보육실습 지도교사의 지도 아래 어린이집과 종일제 유치원에서 교사로서의 직무수행을 전체적으로 경험해 보는 과정이다(이소희 외, 2006). 그리고 보통 6주 이상으로 이루어지고 있고,* 정규실습의 주요내용은 관찰실습과 더불어 놀이 및 활동지도, 일과지도, 생활 및 행동지도, 사무관리 등을 포함한다(박낭자 외, 2007).

3) 추후실습

정규실습 이후에도 지속적인 실습을 통해 실습 과정에서 나타난 문제점을 보완하고 나름대로의 판단능력과 비판능력을 키워 나가는 과정이고(박낭자 외, 2007), 정규실습 이후에 갖게 되는 현장경험으로 보완적 성격을 갖는다(서혜성 외, 2007).

---

* 영유아보육법 시행규칙 개정(2016.1.12. 공포, 보건복지부령 제392호)
 －대학 등을 입학한 사람은 2017.1.1. 이후 입학하는 사람부터 적용.
 －학점인정기관 등은 2018.1.1. 이후 전문학사 이상을 취득하는 사람부터 적용.

제 2 장

보육실습기관의 유형과 보육실습 관계자의 역할

1 보육실습기관의 유형

보육실습기관의 일반적 유형은 다음과 같다.

(1) 유치원(유아교육법 제7조)

① 국립유치원 : 국가가 설립·경영하는 유치원

② 공립유치원 : 지방자치단체가 설립·경영하는 유치원
(설립 주체에 따라 시립유치원과 도립유치원으로 구분할 수 있다.)

③ 사립유치원 : 법인 또는 사인이 설립·경영하는 유치원

(2) 어린이집(영유아보육법 제10조)

① 국공립 어린이집 : 국가나 지방자치단체가 설치·운영하는 어린이집

② 사회복지법인 보육시설 : 「사회복지사업법」에 따른 사회복지법인이 설치·운영하는 어린이집

③ 법인·단체 등 어린이집 : 각종 법인이나 단체 등이 설치·운영하는 어린이집으로서 대통령령으로 정하는 어린이집

④ 직장 어린이집 : 사업주가 사업장의 근로자를 위하여 설치·운영하는 어린이집(국가나 지방자치단체의 장이 소속 공무원을 위하여 설치·운영하는 어린이집을 포함한다.)

⑤ 가정 어린이집 : 개인이 가정이나 그에 준하는 곳에 설치·운영하는 어린이집

⑥ 부모협동 어린이집 : 보호자들이 조합을 결성하여 설치 · 운영하는 어린이집
⑦ 민간 어린이집 : ①부터 ⑥까지의 규정에 해당하지 아니하는 어린이집

보육실습기관의 입지조건에 따라 분위기가 다르다. 그러므로 보육실습생은 보육환경에 맞는 보육계획을 수립하고, 보육기관 내 물리적 조건을 잘 활용하여 풍부한 자극을 줄 수 있는 보육활동이 되도록 계획을 해야 한다.

* 보건복지부령 제392호
영유아보육법 시행규칙 일부개정령안
[별표 4] 보육관련 교과목 및 학점(제12조제1항 관련)
※ 비고
보육교사의 자격을 취득하려는 사람이 보육실습을 신청하는 때에 법적으로 인가받은 정원 15명 이상으로 평가인증을 유지하는 어린이집 또는 교육과정과 방과후 과정을 운영하는 유치원에서 보육교사 1급 또는 유치원 정교사 1급 자격을 가진 사람이 보육실습을 지도하여야 한다. 이 경우 실습 지도교사 1명당 보육실습생은 3명 이하로 한다.

2 보육실습 관계자의 역할

실습에 관련된 대학 측의 인사는 보육실습생과 보육실습 지도교수이다. 각각의 역할과 입장을 이해하는 것은 성공적인 실습을 위하여 중요하다. 그리고 실습과 관련된 실습기관의 인사는 원장, 보육교사, 유아, 학부모, 기타 인사가 있다. 이들 각각의 역할과 입장을 이해하면 원만한 인간관계와 성공적 실습에 도움이 된다(류왕효, 2005).

보육실습 지도교수, 원장, 보육실습 지도교사의 역할(서혜성 외, 2007)을 정리하면 다음과 같다.

1) 보육실습 지도교수의 역할

① 실습계획을 수립하고 실습에 지침을 결정하여 지도한다.

② 실습과정에 대한 정서적 지원을 아끼지 않는다.
③ 보육실습 지도교수는 실습과정에 대한 전문적 지원을 해야 한다.
④ 보육실습 지도교수는 실습과정에 대한 평가자이다.

보육실습 지도교수의 단계별 역할(윤기영 외, 2000)을 정리하면 <표 2-1>과 같다.

〈표 2-1〉 보육실습 지도교수의 단계별 역할

구 분	역 할
실습계획 시	• 대학의 교사양성 목표, 실습 양성교육기관의 여건을 고려하여 보육실습 지도교수와 보육실습 지도교사가 실습의 내용 및 과정 등을 계획한다.
실습지도 시	• 실습기간 중 실습지도를 시행하여 보육실습생들의 경험에 대한 토의를 하며 지도한다. • 보육실습 지도교사와 원만한 관계를 가지도록 돕는다. • 이론과 실제 간의 갈등을 조정한다.
실습결과 평가 시	• 실습이 진행되는 동안 보육실습생들을 관찰한 결과와 부분수업 · 일일수업 또는 협의회에 참여한 결과를 토대로 평가한다.

2) 원장의 역할

① 보육실습 오리엔테이션을 한다.
② 보육실습생, 보육실습 지도교사와 개별적인 대화를 나눈다.
③ 보육활동에 대한 평가를 한다.

3) 보육실습 지도교사의 역할

① 보육실습생에게 있어 보육실습 지도교사로서의 역할을 인식한다.
② 보육실습생 오리엔테이션을 한다.
③ 보육실습생을 이해해 주고 정서적으로 지원해 주어야 한다.
④ 실습안내자로서의 역할을 한다.
⑤ 교수-학습 모델로서의 역할을 한다.
⑥ 전문성 향상을 위한 지원자로서의 역할을 한다.
⑦ 협의자로서의 역할을 할 수 있어야 한다.

보육실습 지도교사의 단계별 역할(윤기영 외, 2000)을 정리하면 <표 2-2>와 같다.

〈표 2-2〉 **보육실습 지도교사의 단계별 역할**

구 분	역 할
실습계획 시	• 대학의 교사양성 목표, 양성교육기관의 여건을 고려하여 보육실습 지도교수와 보육실습 지도교사가 실습의 내용 및 과정 등을 계획한다.
실습지도 시	• 교사의 역할에 대해 시범을 보여준다. • 보육계획안 및 보육지도안을 검토 · 수정한다. • 일과 진행 시 적절한 도움을 준다.
실습결과 평가 시	• 실습이 진행되는 동안 관찰한 보육실습생들의 행동 · 태도 등과 제출한 과제물을 토대로 평가한다.

제 3 장

보육실습의 단계 및 준비

보육실습의 절차(이소희 외, 2006)는 [그림 3-1]과 같다.

현장실습의 시기와 방법의 결정

↓

보육실습생의 현장실습지 배정

↓

현장실습 보육시설의 선정

↓

서류작성 및 발송

↓

보육실습생의 사전교육

↓

보육실습생의 실습지 사전방문

↓

현장실습 실시

↓

보육실습 지도교수 실습지 순회방문

↓

현장실습의 평가 및 추후지도

[그림 3-1] 보육실습의 절차

그리고 보육실습의 진행과정(한국보육진흥원, 2013)은 [그림 3-2]와 같다.

보육실습 관련내용	실습주체
보육실습 신청서(방학 중 실습실시 경우)제출	보육실습생→보육실습 담당교수
실습기관 선정	양성교육기관, 보육실습생, 보육실습기관 협의
실습 협조 공문 발송	양성교육기관→보육실습기관
보육실습생 상해보험 가입(권장사항)	보육실습기관→양성교육기관
보육실습비 송금	양성교육기관→보험사
양성교육기관에서 보육실습생 사전교육	양성교육기관→보육실습기관
실습관련 서류 전달 보육실습생 신상카드, 서약서, 자기소개서 작성 지도, 실습일지	양성교육기관→보육실습생
보육실습생 실습기관 사전 방문	양성교육기관→보육실습생
실습기관의 보육실습생 사전교육	보육실습생→보육실습기관
각종 서류 전달 (보육실습생 신상카드, 서약서, 자기소개서, 보육실습확인서양식, 보육실습평가서양식, 보육실습비 영수증양식, 보육실습건강진단결과서)	보육실습기관→보육실습생
6주 실습 실시 및 지도	양성교육기관→보육실습생→보육실습기관
각종 서류 전달 (보육실습확인서, 보육실습평가서, 보육실습비 영수증) 보육실습일지 제출	보육실습기관→보육실습생
보육실습 평가회 및 보육실습 종료	보육실습기관→보육실습생→양성교육기관→보육실습생→양성교육기관

※ 「어린이집지원시스템」을 통하여 보육실습확인서를 출력한 경우 첨부서류를 제출하지 않아도 됨(단, 유치원은 양성교육기관에서 양식 제공).

[그림 3-2] 보육실습의 진행과정

1 보육실습의 단계

1) 사전실습

실시 시기는 정규 보육실습 1～2개월 전 또는 1～2학기 전부터 실시하며, 실습시간은 매일 참여하거나 또는 수시로 참여하는 등 다양한 형태로 사전실습이 이루어지고 있으며, 주로 관찰실습을 통해 부분적으로 이루어진다(박낭자 외, 2007).

사전실습의 목적 및 내용(박낭자 외, 2007)을 정리하면 <표 3-1>과 같다.

〈표 3-1〉 사전실습의 목적 및 내용

사전실습의 목적	사전실습의 내용
• 어린이집의 하루 일과를 이해할 수 있도록 도와준다. • 어린이집의 하루 일과는 보호와 교육이 모두 중요하게 이루어진다는 것을 이해할 수 있도록 도와준다. • 영유아 발달 이론 및 영유아의 발달특성에 대해 이해할 수 있도록 도와준다. • 보육방법 및 가르치는 기술에 대해 이해할 수 있도록 도와준다. • 구체적인 보육교사의 역할에 대해 이해할 수 있도록 도와준다. • 어린이집의 하루 일과에는 예측할 수 없는 많은 문제 상황이 일어날 수 있음을 이해하도록 도와준다.	• 하루일과 및 보육교사의 역할에 대한 이해 • 영유아의 발달적 특징에 대한 이해 • 보육과정에 대한 이해 • 다양한 문제 상황에 대한 이해 • 보육실습생으로서의 정체성 형성 • 이론과 실제의 차이에 대한 이해

2) 정규실습

학기에 6주 정도 정해진 기간 동안 정해지는 실습으로, 「영유아보육법」에는 240시간 이상으로 기간이 규정되어 있다. 연속된 기간 동안 유아교육기관에서 실제로 유아를 대상으로 교수-학습 활동을 진행하는 수업실습과 기타 업무를 직접 수행해 보는 실무실습을 병행하게 하는 정규실습-수업 및 실무를 실시한다. 수업실습은 '부분수업'(한 활동만 담당), '연결수업'(두 활동을 연이어 담당), '전일수업'(하루일과 전체 담당)으로 나누어 단계적으로 진행한다. 마지막 주에는 보육실습생이 연구수업을 실시하고 평가회를 연다(서혜성 외, 2007). 따라서 정규실습은 실습의 핵심으로 관찰단계, 참여단계, 실제 수업단계, 실습평가 단계를 거친다.

주별 보육실습계획 및 보육실습을 위한 전체 계획(이소희 외, 2006)을 정리하면 <표 3-2>와 같다.

〈표 3-2〉 주별 보육실습계획 및 보육실습을 위한 전체 계획

주 별	각 주의 중점 활동	내 용
제1주	• 오리엔테이션 • 영유아 관찰 • 보육활동 관찰 및 참관 • 교실배치도 작성	① 보육실습생, 보육교직원, 원아의 상호 인사 ② 어린이집 현황에 대한 오리엔테이션 ③ 실습계획 협의 ④ 수업 및 생활지도 참관 ⑤ 영유아 관찰 및 유아의 교우도 작성
제2주 ~ 제3주	• 보육활동 및 생활지도 전반에의 참관 및 참여 • 부분수업(part 수업) • 보육자료 제작 • 학급경영 참가	① 수업 및 생활지도 참가(부분수업) ② 학급교사 보조 및 참관 ③ 교재연구 및 시청각 교재 · 교구 제작 ④ 실습 중간평가 및 반성
제4주 ~ 제5주	• 보육활동 실제 지도를 위한 참관 및 참여 • 부분수업(part 연결수업) • 교재연구 및 보육활동 계획안 작성 • 간식지도	① 부분적인 실제수업 및 평가(연결수업) ② 부적응 영유아 지도계획 작성 및 사례 연구 ③ 대상 실습 학습경영 훈련 ④ 실습중간평가 및 반성
제6주	• 보육활동 참여 및 실습 • 연구수업 • 일일 보육활동 수업 • 놀이지도 • 평가	① 보육활동 실습 ② 연구수업 실시 및 평가 ③ 보육교사로서의 자질 토의 ④ 보육실습 총 평가

3) 추후실습

추후실습은 정규실습의 보충 및 심화과정이라고 볼 때 정규 실습기간에 경험했던 것은 다시 반복할 수도 있으며, 정규실습 동안 미처 다 배우지 못했던 내용을 경험해 볼 수도 있다. 아직까지는 일부 대학에서만 이루어지고 있으며, 체계적이지 않다(서혜성 외, 2007).

추후실습의 목적 및 내용(박낭자 외, 2007)을 정리하면 <표 3-3>과 같다.

〈표 3-3〉 추후실습의 목적 및 내용

추후실습의 목적	추후실습의 내용
• 추후실습은 정규실습을 보완하는 과정이다. • 추후실습은 정규실습에 대한 심화과정이다. • 추후실습은 반성적 사고를 통해 보육 철학 및 보육에 대한 정체성을 확립하는 과정이다. • 추후실습은 학급운영에 보다 능동적으로 참여하는 과정이다.	• 활동계획 및 실행 • 보육과정 및 일과의 계획 • 의사결정 능력 또는 문제 해결능력의 향상 • 자기평가의 기회 제공 • 보육교사직에 대한 윤리의식 제고

2 보육실습의 준비

보육실습의 준비(서혜성 외, 2007)는 [그림 3-3]과 같다.

보육실습 지도교사 및 원장, 보육실습 지도교수, 보육실습생 상호간의 요구와 실습내용에 대한 협의를 통한 실습준비

보육실습 지도교사 및 원장의 준비

• 실습에 대한 주체의식
• 보육실습생의 실습에 대한 요구 조사(실습 목표, 일정, 보육실습생 배치)
• 보육실습생의 역할에 대한 협의

보육실습생의 준비

• 실습에 대한 주체의식
• 실습기관의 요구 및 특징 이해
• 실습에 대한 저널 쓰기를 통한 자신의 분석

보육실습 지도교수의 준비

• 실습에 대한 주체의식
• 보육실습생과 실습기관 요구 간의 협의를 통한 실습의 효율성 증진

[그림 3-3] 보육실습의 준비

보육실습 계획 시 준비사항(한국보육진흥원, 2013)은 <표 3-4>와 같다.

〈표 3-4〉 보육실습 계획 시 준비사항

구분	교수 및 양성교육기관	학생
내용	• 보육실습기관 선정 • 보육실습생 상해보험 가입 (권장사항) • 양성교육기관의 실습사전교육 실시 • 보육실습비 지급 • 보육실습생 건강진단결과서 발급 지도	• 실습기관 사전방문 및 사전교육 • 서류작성 및 실습기관에 서류 전달 - 보육실습생 신상카드 - 보육실습생 서약서 - 보육실습생 자기소개서(필요시) - 보육실습비 영수증 양식 - 보육실습확인서 양식 - 보육실습평가서 양식 - 보건소의 전염성 질환에 대한 건강진단 결과서(구 보건증)
서류 및 준비물	• 보육실습 신청서 • 보육실습 협조공문 • 보육실습 동의서 • 보육실습생 신상카드 • 보육실습생 자기소개서(필요시) • 보육실습생 서약서 • 보육실습확인서※ • 보육실습평가서 • 보육실습비 영수증 • 보육실습일지 제작	• 이름표 (양성교육기관명, 보육실습생 이름) • 실내화 또는 덧신(필요시) • 실외놀이용 신발(필요시) • 여벌옷(필요시) • 보육실습일지 및 필기도구

※ 「어린이집지원시스템」을 통하여 보육실습확인서를 출력한 경우 첨부서류를 제출하지 않아도 됨(단, 유치원은 양성교육기관에서 양식 제공)

1) 보육실습생의 준비

보육실습생의 준비사항으로는 실습기관의 주소 및 연락처 확인, 실습기관의 교육프로그램 및 주제 파악, 교수자료 및 주의집중 자료준비, 보육실습생 이름표 준비, 복장점검, 실습일지 준비 등이 있다(조운주, 2003).

(1) 실습지 방문

실습지 방문 시 보육실습생이 준비할 사항(류진희, 2000)을 정리하면 다음과 같다.

① 보육시설의 위치와 교통편, 출근 시간, 소요시간을 확인한다.
② 원장과 보육실습 지도교사의 성명과 개인적인 사항을 알아둔다.
③ 보육시설의 보육목표, 보육의 방향, 원훈, 보육교직원의 구성과 역할 등을 알아둔다.
④ 보육시설의 현황(대지면적, 건물 연면적, 보육시설 현황, 학급구성, 보육교직원 현황, 보육시간)을 확인한다.
⑤ 정규실습기간 중의 생활주제와 보육계획안에 따른 소주제, 행사, 보육활동의 범위를 알아본다.
⑥ 보육시설이 속한 지역사회에 대한 이해가 필요하다.
⑦ 보육시설의 보육실습 지침을 확인한다.
⑧ 근무시간을 알아본다.
⑨ 복장 및 용모는 어떻게 준비하여야 하는지를 확인한다.
⑩ 실습일지 기록 및 교구제작에 대해 알아본다.

(2) 자기소개

첫날 자기소개서를 제출한다. 실습을 위한 준비물은 개인 이름표, 실습일지, 필기도구, 실내화, 바깥놀이용 신발, 앞치마 등이다(임영서, 1999).

(3) 보육활동 준비

정규실습기간 전에 이루어진 생활주제 및 활동을 점검하고 앞으로 진행될 주제에 대해 알아 둔다. 중복되지 않는 새로운 활동을 미리 준비하는데, 자료제작 시간이 많이 소요되는 동화나 노래자료, 교재교구 등은 미리 준비해 두는 것이 좋다(서혜성 외, 2007).

(4) 건강관리

실습 전에 견딜 수 있는 체력을 준비하는 등 건강관리에 유의한다(서혜성 외, 2007).

(5) 보육실습생의 자세

보육실습생의 자세(박낭자 외, 2007)를 일반 근무 자세와 학습자로서의 자세로 나누어 정리하면 <표 3-5>와 같다.

〈표 3-5〉 보육실습생의 자세

일반 근무자세	학습자로서의 자세
① 보육실습생은 어린이집의 실습 지침과 규정을 준수한다. ② 보육실습 실무에 대해 보육실습 지도교사와 원장의 지도와 감독에 따른다. ③ 보육실습생으로서의 적합한 용모와 언행을 갖춘다.	① 받아들이는 소극적인 자세만을 유지하지 말고, 모든 일에 열의를 가지고 능동적・적극적으로 임한다. ② 보육실습 지도교사를 존경하고, 보육실습 중의 제반 활동에 대해 보육실습 지도교사와 협의하며 지도・조언을 겸손하게 받아들인다. ③ 보육현장에서의 교육적 보호의 실제에 대해 긍정적인 견해를 가지며, 탐구적인 질문 및 토의를 통해 문제를 확인하고 보육실습 지도교사와 함께 노력하며 주위의 지도를 잘 받아들인다. ④ 모든 영유아에게 깊은 관심을 가져 이름을 빨리 외우고, 그들의 특성을 파악하여 이해한다. ⑤ 보육실습 지도교사의 반 운영에 적극 협조하고, 일은 분담해서 맡아 교육적 보호의 능력 향상을 도모한다. ⑥ 일과가 끝난 후에 언제나 반성・협의하며, 실습일지를 정리・기록하고, 그를 보육실습 지도교사에게 보여 협의하고 지도・조언을 받는다. ⑦ 실수를 두려워하지 말고 보육실습 활동에서 실수를 범했을 경우에는 이를 인정하며, 원인을 분석하고 고쳐 나가는 자세를 갖는다. ⑧ 자기의 능력을 넘는 무리한 일이나 지나친 활동은 가급적 피한다.

보육실습생을 위한 사회생활 예비지식(류왕효, 2005)을 상황별로 정리하면 <표 3-6>과 같다.

〈표 3-6〉 보육실습생을 위한 사회생활 예비지식

상황	방법
설명할 때	업무적인 설명에서는 결론부터 제시하고, 그다음에 과정과 이유를 말하되 쉽고 간결하게 한다.
보고할 때	보고의 상대를 올바르게 정하고, 시기를 놓치지 않아야 하며 육하원칙에 입각하여 보고한다.
전달할 때	전달은 본래의 의도가 왜곡되지 않게 정확하고 신속하게 실행해야 한다.
요청할 때	도움이 필요할 때는 요청할 줄 알아야 하며, 예의를 갖추어 조심스럽고도 정중하게 요청해야 한다.
사과할 때	실수를 했을 때는 사과의 말과 그 시기가 중요하다.
전화할 때	친절하게 신분을 밝히고 용건만 간단히 말한다.
회의할 때	회의에 참석할 때에는 내용을 필기하고, 바른 자세로 예의를 갖추어 발언한다.
회식할 때	회식할 때에는 말석(문간이나 바깥쪽)에 앉으며, 식사예절을 지킨다.
출퇴근할 때	보육실습생의 성실성은 출퇴근에서 잘 드러난다. 출퇴근 시간을 엄수하되, 교사들보다 조금 일찍 출근하여 업무를 준비하고 조금 늦게 퇴근하여 뒷정리를 하는 것이 더욱 좋다. 옷차림과 두발은 단정하게 하고, 화장과 장신구도 신분과 업무에 맞게 절제한다.
물품을 사용할 때	보육실습생이 실습 중 사무기기나 소모용품이 필요할 때에는 비용과 고장 문제가 발생할 수 있으므로, 허락을 받고 사용법을 물어서 사용한다. 특히 공과 사를 구분할 줄 알아야 한다.
수업할 때	부분수업 또는 일일수업을 할 때는 반드시 수업계획안을 미리 작성하여 보육실습 지도교사에게 지도와 허락을 받은 후에 실행해야 하며, 주도적이고 적극적으로 수업을 전개한다. 수업시간에는 아동에게 존대어를 사용해야 하며, 놀이시간 등 기타 시간에는 분위기에 알맞게 말하는 것이 자연스럽다.
인간관계 할 때	직장에서는 인간관계가 아주 중요하다. 보육실습생은 마음 불편한 일이 있어도 내면을 잘 다스려서 밝고 상냥한 표정을 유지해야 한다. 또한 직장생활에 알맞은 언어를 구사해야 하며, 체벌과 학부모 면담은 원칙적으로 할 수 없음을 유의해야 한다.
준비물을 챙길 때	실습일지, 도시락, 실내화, 명찰('보육실습생' : ○○○), 앞치마, 필기구, 비상금 등 실습생활에 필요한 물품을 휴대한다.

2) 보육실습 지도교사 및 원장의 준비

보육실습생을 지도하여야 할 원장과 보육실습 지도교사는 보육실습 지도를 유능하게 수행할 만한 능력과 태도를 지니고 있어야 한다.

보육실습에 있어서 시설장의 가장 중요한 임무는 보육실습 지도교사 선정에 있으며, 원장은 우수한 교사를 확보해야 할 책임이 있고, 보육실습 지도교사는 어린이집 교사 중 최우수 교사이어야 한다(김순옥 외, 1996).

보육실습생의 보육실습에 있어서 일차적 책임을 지는 중요한 위치에 있는 보육실습 지도교사는 보육전문가로서의 확고한 지위를 가져야 하고, 보육이론과 실제를 연결할 수 있는 탁월한 능력을 갖추어야 한다.

실습에 대하여 공문이 오면 보육실습 지도교사는 반 배정, 보육실습 지도교사 배치, 참관실습이 있을 경우에는 참관실습 일정표, 그리고 보육실습 일정에 대한 전반적인 계획을 세우도록 한다. 보육실습생으로 하여금 실습이 원활히 이루어지도록 교육활동 계획안이나 교구제작, 또는 교구제작 활용에 대한 것, 수업협의나 수업평가, 그리고 보육실습생의 자기평가 등 보육실습기관에서 나름대로의 양식을 제시하도록 한다. 시설의 요람이나 운영계획에 관한 것들을 준비하여 보육실습생으로 하여금 보육시설의 실정을 파악하는 데 도움을 줄 수 있어야 한다(서혜성 외, 2007).

제 4 장

보육실습의 내용

1 보육계획안

보육계획안의 작성을 통해 보육의 효과를 극대화시킬 수 있다. 일반적으로 어린이집에서 활용되고 있는 보육계획안은 연 · 월 · 주 · 일일 보육계획안으로 작성하여 사용하고 있다. 그러나 특정한 보육활동 계획안의 양식은 없다.

1) 보육계획안 작성의 순서

보육계획안 작성의 순서(서혜성 외, 2007)는 다음과 같다.

(1) 보육활동의 주제 파악 및 선정

① 활동의 목표 설정
② 활동의 내용 선정 및 구성
③ 활동방법의 운영
④ 다른 영역과의 관련 요소 파악

(2) 영유아 파악

① 영유아의 흥미, 욕구, 관심도
② 영유아의 발달특성
③ 영유아의 준비도, 수준, 능력

(3) 보육활동 방법 연구

① 보육활동 진행 방법 및 형태
② 교재 및 교구 검토, 제작
③ 보육교사의 역할

(4) 보육활동 과정의 설계

① 보육활동 모형
② 구체적인 보육활동 계획

2) 보육계획안 작성방법

보육계획안 작성방법(전남련, 2006)을 연 · 월 · 주 · 일일로 나누어 정리하면 <표 4-1>과 같다.

〈표 4-1〉 보육계획안 작성방법

보육계획안	작성방법
연간 보육계획안	영유아의 연령, 발달수준, 계절적인 특성, 지역사회의 실정, 어린이집의 특수성 등을 고려하여 1년 동안 보육의 방향, 보육목표, 보육의 내용, 시기적인 적절성 등 전체적인 균형을 한눈에 볼 수 있도록 계획을 수립한다.
월간 보육계획안	연간계획을 토대로 하여 한 달간의 지도를 위한 구체적인 지도방법을 계획하는 월간 보육계획안은 계절의 변화나 반복되는 활동을 중심으로 영유아들의 상황과 발달에 맞추어 계획을 수립한다.
주간 보육계획안	월 보육계획에 기초를 두고 그 목표를 달성하기 위해 구체적인 내용을 계획하는 주간 보육계획안은 영아들의 건강상태, 흥미, 욕구, 발달상태 등을 고려하여 융통성 있게 한 주의 보육계획을 작성해야 한다.
일일 보육계획안	그날의 수업진행에 직접적인 참고자료가 되는 일일 보육계획안은 영유아가 경험을 풍부하게 할 수 있는 활동을 제공하고, 유아 스스로 선택을 할 수 있는 활동을 포함해야 한다.

3) 보육계획안 작성 시 유의점

보육계획안 작성 시 유의점(이소희, 2005)은 다음과 같다.

① 목표가 명확하고, 내용 및 방법이 간결하며, 구조적이고 체계적으로 짜여야 한다.

② 영유아 학습 원리에서 강조하는 내용들이 반영된 보육활동계획이 되도록 보육실습 지도교사의 지도와 조언을 구한다.

③ 폭넓고 깊이 있는 준비를 바탕으로 영유아 보육특성에 맞는 보육활동계획을 수립함으로써 보육계획안대로 보육활동이 이루어질 수 있어야 한다.

④ 보육활동 실제에서의 예상활동을 충분히 고려하여 영유아들의 흥미 변화에 따라 변화될 수 있는 융통성 있는 계획안이어야 한다.

4) 보육계획안 평가 시 고려할 점

보육계획안 평가 시 고려할 점(이소희, 2005)은 다음과 같고, 다음과 같은 항목들이 보육계획안에 대한 평가의 관점이 된다.

① 관련 자료 준비

② 적절한 질문 준비

③ 목표의 적절성

④ 영유아의 발달, 능력, 흥미 정도에 대한 고려

⑤ 알맞은 활동방법 선정

⑥ 지난 활동, 다음 활동, 또 당일 다른 활동과의 관련성

⑦ 동기유발 배려

⑧ 융통성 고려

⑨ 체계적이고 논리적인 활동과정 진행

⑩ 단계별 시간배분

⑪ 활동과정 제시

⑫ 평가기준 마련

2 보육활동 계획안(연구수업)

1) 방법 및 절차

보육활동 계획안의 방법 및 절차(서혜성 외, 2007)는 보육실습 지도교사의 지도 아래, 다음과 같은 여섯 단계를 거쳐 실시된다.

① 1단계 : 보육활동 주제의 선정
② 2단계 : 실태 조사 및 교재 연구
③ 3단계 : 연구수업 계획안 작성
④ 4단계 : 환경정리 및 점검
⑤ 5단계 : 수업실시
⑥ 6단계 : 평가협의회

2) 보육활동 계획안의 작성

보육활동 계획안의 기본내용과 작성 요령(서혜성 외, 2007)은 다음과 같다.

(1) 기본 내용

① 보육활동 계획안이라고 쓰고, 일시 · 장소 · 작성자를 밝힌다.

- 활동주제명
- 주제선정의 이유
- 주제의 구조
- 주제의 목표
- 활동계획
- 본시 보육활동의 실제
- 참고사항 및 자료
- 평가내용 및 기타

② 본시 보육활동만을 생각하면 된다.

- 활동주제
- 일시 및 장소
- 활동 중점목표
- 활동내용
- 주요내용
- 본시 활동평가 및 차시 방향제시
- 자료 및 준비물 : 관련 영역을 구분하여 기입하도록 하고, 소요시간을 적기도 함.

(2) 작성 요령

① 주제명 : 본시 활동을 포함하는 큰 주제명을 쓴다.

② 주제선정 이유 : 누리과정 및 표준보육과정의 학문적 입장, 국가 · 사회 · 가장의 입장, 영유아의 입장, 보육교사의 입장에서 본 주제의 필요성과 의의를 쓴다.

③ 주제의 구조 : 본 주제 속의 작은 주제들의 구분과 횡적 · 종적 관련을 기록한다.

④ 주제의 목표 : 본 주제를 통해 이루고자 하는 목표를 구체적으로 진술한다.

⑤ 활동계획 : 기본요소로서 작은 주제들의 추정기간, 진행내용 및 활동, 그리고 관련요소 등을 기록한다.

⑥ 본시 교육활동의 실제

⑦ 평가사항 및 참고사항 : 평가를 위한 관점을 기입하기도 하고, 본 활동주제의 교육활동에 관련된 참고문헌을 밝힌다.

3) 보육활동 계획안 실시상 유의점

보육활동 계획안 실시상 유의점(서혜성 외, 2007)은 다음과 같다.

① 본시 활동에 알맞은 복장과 자세로 꾸밈없이 자연스럽게 수업을 진행한다.

② 영유아들에게 수업을 시작할 때, 지도교사나 동료 보육실습생이 보고 있음을 환기시키는 것은 좋으나 시간 내내 너무 의식하지 않게 한다.

③ 너무 긴장하여 딱딱한 수업이 되지 않도록 느긋한 마음과 여유 있는 자세를 갖도록 노력한다.

④ 연구수업 중 영유아들과 수행할 활동내용을 미리 연습한다거나 하는 행위는 금물이다.

⑤ 보육실습 지도교사나 동료 보육실습생의 지도와 도움을 받고, 필요하면 보육실습 지도교수의 지도와 협조를 구한다.

3 학급의 일과 운영

학급의 일과를 운영할 때는 먼저 연령별 발달 및 행동특성의 이해가 전제되어야 한다.

1) 학급의 일과 운영

(1) 일과 운영의 원리

학급의 하루일과를 구성할 때 유의해야 할 점(서혜성 외, 2007)은 다음과 같다.

① 하루 일과에서 영유아의 기본적인 욕구충족과 신체적인 보호를 위한 활동을 기초로 하여 전인적인 발달에 초점을 둔 양질의 교육활동이 제공되어야 한다.
② 활동들을 하루 일과 안에서 계획할 때는 영유아의 발달 정도를 고려하여 발달에의 적합성을 고려해야 한다.
③ 영유아의 개인적 발달의 차이를 고려해서 개별적 접근이 가능하도록 일과를 구성해야 한다.

(2) **영아반**(만0～2세)

영아기에는 하루의 일정 중에서 자고, 먹고, 노는 일상생활의 규칙적 리듬을 순조롭게 터득하는 것이 중요하다(류왕효, 2005).

(3) **유아반**(만3～5세)

유아들은 일상생활의 규칙적 리듬이 익숙하게 몸에 배어 있다. 이제는 좀 더 다양하고 역동적인 교육활동을 경험할 수 있도록 한 주의 일과를 계획한다(류왕효, 2005).

2) 영아반과 유아반의 하루 일과 예

영아반과 유아반의 하루 일과 예(박낭자 외, 2007)는 <표 4-2>와 같다.

〈표 4-2〉 영아반과 유아반의 하루 일과 예

영아반(만0~2세)	유아반(만3~5세)
등원 및 실내놀이 대소변 가리기, 손 씻기 실내 자유놀이 간식 실외놀이 / 소집단 활동 점심 이 닦기, 대소변 가리기 낮잠 준비 및 낮잠 낮잠 깨기, 손 씻기 오후 간식 실내외 자유놀이 / 소집단 활동 조용한 놀이 및 귀가	등원 및 자유선택 활동 정리정돈 및 손 씻기 간식 대 · 소집단 활동 / 바깥놀이 활동 점심 및 이 닦기 자유선택 활동 대 · 소집단 활동 오후 간식 실외놀이 자유선택 활동 귀가

3) 보육활동별 보육실습생의 행동지침

보육활동별 보육실습생의 행동지침(류왕효, 2005)을 보육활동 시간별로 정리하면 <표 4-3>과 같다.

〈표 4-3〉 보육활동별 보육실습생의 행동지침

보육활동	보육실습생의 행동지침
등 원	• 영유아가 등원하기 전에 보육실습 지도교사를 도와 어린이집 시설과 환경을 재점검한다. • 영유아 등원 시 친근감을 가지고 맞이한다. • 영유아를 예리하게 관찰한다. • 영유아가 가지고 등원한 소지품이나 약 등을 꼼꼼히 챙기고 확인한다. • 등원한 영유아가 자유놀이를 잘 시작할 수 있도록 돕거나 격려한다. • 등원 시 보육실습 지도교사가 영유아를 맞이하는 방법을 잘 관찰하여 자신의 것으로 만든다.
자 유 놀 이 활 동	• 보육실습 지도교사와 영유아가 지켜 왔던 규칙과 약속을 빨리 익힌다. • 영유아의 요구를 무조건 받아 주기보다는 해도 되는 일과 해서는 안 되는 일의 구분을 명확히 한다. • 다른 업무를 보거나 느리게 행동하지 않는다. • 영유아끼리 분쟁이 일어났을 때에는 보육실습생이 섣부르게 개입하여 독단적으로 판단하지 않는다. • 영유아가 자율적 · 독립적으로 놀이하도록 지나친 개입을 하지 않는다.

보육활동	보육실습생의 행동지침
자유놀이 활동	• 보육실습 지도교사를 잘 도와서 소외받는 영유아가 없도록 항상 주의를 기울인다. • 자유놀이가 끝난 후 영유아가 스스로 장난감을 정리할 수 있도록 도와준다. • 일반 영유아와 장애영유아의 다양한 놀이유형 및 성격, 문제행동 등을 유심히 관찰하고 비교한다.(장애통합기관일 경우)
간식	• 보육실습 지도교사와 상의하여 간식을 주방에서 가져온다. • 보육실습 지도교사를 도와 간식 전에 영유아가 손을 씻도록 돕는다. • 보육실습 지도교사와 함께 간식을 나누어 준다. • 영유아가 간식을 받아 감사표시를 하고 바른 자세로 먹을 수 있도록 돕는다. • 간식을 다 먹은 후 보육실습 지도교사와 함께 정리한다.
이야기 나누기	• 보육실습 지도교사를 중심으로 영유아가 이야기 나누기에 적합한 형태로 앉게 한다. • 보육실습 지도교사가 이끄는 주제에 맞게 진행을 도우며, 호흡을 맞춘다. • 개별적인 접촉이 필요한 아동을 돕는다. • 수업 중에 예기치 않게 발생하는 사고에 대해서 신속하게 행동한다. • 보육실습 지도교사의 수업방식과 영유아의 발달수준과 흥미 등을 주의 깊게 관찰한다.
점심	• 점심 먹기 전에 활동 정리를 돕는다. • 점심 전 손 씻는 것을 돕는다. • 보육실습 지도교사와 함께 점심을 나누어 준다. • 감사하는 마음으로 바르게 앉아서 먹을 수 있도록 한다. • 보육실습 지도교사와 함께 정리한다. • 식사를 마친 영유아의 이 닦는 것을 돕고, 조용한 놀이나 휴식을 취할 수 있도록 한다.
낮잠	• 낮잠 전, 영유아가 화장실에 다녀오도록 돕는다. • 영유아가 잠을 잘 잘 수 있도록 커튼이나 블라인드를 이용해 빛을 차단하는 등 분위기를 조성한다. • 영유아가 편안한 상태에서 낮잠을 잘 수 있도록 한다. • 낮잠시간 동안 교실을 떠나지 않는다. • 영유아가 낮잠에서 일어나는 것을 돕는다. • 침구정리를 한다.
산책	• 영유아가 산책하는 가운데 자연을 잘 관찰하고 느낄 수 있도록 모델링 역할을 한다. • 후방에서 영유아의 이탈과 사고의 위험을 예방하면서 유아의 행동을 관찰한다. • 장애 영유아는 뒤처지지 않도록 특별히 가까이에서 지원한다.
미술	• 미술활동 전에 필요한 자료준비를 돕는다. • 미술활동 중 교사의 도움이 필요한 영유아는 개별지도를 한다. • 미술활동을 마친 영유아의 정리를 돕는다.
동화	• 영유아가 동화 듣기의 배열로 앉을 수 있도록 돕는다. • 보육실습 지도교사가 동화를 매끄럽게 진행할 수 있도록 호흡을 맞춘다. • 동화를 정리한다.

보육활동	보육실습생의 행동지침
실외활동 (바깥놀이)	• 보육실습 지도교사를 도와 영유아와 질서 있게 실외활동(바깥놀이) 장소로 이동한다. • 영유아의 안전사고에 특별히 주의를 기울인다. • 실외활동(바깥놀이) 시에는 날씨에 알맞고, 활동하기 편한 복장과 편한 신발을 신는다. • 보육실습 지도교사와 함께 영유아 전체를 바라볼 수 있는 위치에 자리한다. • 실외활동(바깥놀이)를 마치고 교실로 돌아올 때에는 신발을 스스로 정리하고, 손 씻는 것을 도와준다.
견학 및 현장체험	• 등원 시 영유아의 옷과 가방을 확인하고, 이름표를 착용하도록 한다. • 차량탑승 시 인원 확인을 돕는다. • 인솔 시 지도요령을 익혀 보조 역할을 한다. • 안전사고와 미아사고가 발생하지 않도록 주의를 기울인다. • 야외활동 시 간편한 복장을 한다.
귀가	• 영유아의 귀가 준비를 돕는다. • 귀가가 질서 있고 안전하도록 지원한다. • 귀가하지 않은 영유아를 안전하게 돌본다.
청소	• 청소시간이 되면 보육실습 지도교사가 이야기하지 않아도 스스로 청소를 시작한다. • 보육실습 지도교사의 청소방식을 따라 한다. • 보육실습 지도교사가 미처 관리하지 못하는 부분까지도 청소한다.

4 영유아의 관찰 및 지도

일상생활 속에서 진행되는 자연스런 행동을 연구하는 데 가장 적합한 방법은 관찰이다.

1) 관찰실습의 내용

관찰실습에는 어린이집의 제반 조건 및 운영, 보육과정의 계획·실행·평가과정, 영유아 발달 및 놀이 관찰 등이 포함된다(박낭자 외, 2007).

2) 관찰의 실습

(1) 관찰실습의 과정

관찰실습의 과정(박낭자 외, 2007)은 [그림 4-1]과 같다.

1. 관찰목표 수립	2. 관찰방법 결정	3. 관찰기록	4. 결과기록 및 해석	5. 관찰실습 평가
• 관찰할 대상 • 관찰목적 • 관찰시간 및 공간	• 적합한 관찰 방법 정하기 • 필요한 자료 준비하기 (기록표, 녹음기 등)	• 관찰 및 기록하기	• 자료정리 및 기록 • 자료 해석하기	• 보육실습 지도 교사의 지도 (관찰과정, 해석내용) • 다음 관찰수업 계획하기

[그림 4-1] 관찰실습의 과정

(2) 관찰실습 시 보육실습생의 유의사항

관찰실습 시 보육실습생의 유의사항(박낭자 외, 2007)은 다음과 같다.

① 영유아의 행동은 장소, 시간, 환경, 타인 등에 따라 심리적·물리적 영향을 받으므로, 이러한 상황을 고려하여 관찰한다.

② 정확한 목적을 가지고 관찰한다. 자연적인 상황에서 어린이집의 일과나 영유아의 행동은 매우 복잡하므로, 관찰이 미숙한 보육실습생은 미리 무엇을 관찰할지 정한 후 관찰할 필요가 있다.

③ 보육실습생은 한꺼번에 많은 유아나 여러 영역을 관찰하기 어렵다. 영유아별 관찰은 하루에 2～3명, 흥미영역은 1～2개 영역을 선택하여 집중적으로 관찰하는 것이 좋다.

④ 관찰자이기에 앞서 보육실습생으로서 어떤 행동이 기대되는지를 알아야 한다. 일반적으로 실습지도 계획이 동일한 것은 아니므로, 보육실습 지도 교사의 지도에 따라 관찰실습을 한다.

⑤ 관찰 시 개인적인 편견이나 정서에 영향을 받지 않도록 유의한다.

⑥ 관찰한 사항은 바로 기록하는 것이 좋으나, 여의치 않을 때는 키워드만 기록해 두었다가 일과가 끝나면 정리한다.

⑦ 관찰 및 해석내용은 보육실습 지도교사와의 평가 시간 이외에는 함부로 누설하지 않아야 한다.

(3) 평가결과의 기록

평가결과의 기록은 평가방법에 따라 다르다. 일화기록법, 표본기록법(지속적 관찰기록법), 사건표집법(빈도사건표집법, ABC 서술식 사건표집법), 시간표집법, 행동목록법, 평정척도법 등 다양한 형식을 취하게 된다(서혜성 외, 2007). 일반적으로 관찰법이 보육실습기간에 많이 사용된다.

영유아를 위한 평가방법(전남련, 2006)을 정리하면 <표 4-4>와 같다.

〈표 4-4〉 영유아를 위한 평가방법

평가방법	정 의
일화기록법	한 인간의 성격 및 행동특성, 적응양식을 이해하기 위해서 구체적인 행동사례를 될 수 있는 대로 상세하게 기록하는 방법
표본기록법	미리 정한 어떤 기준에 따라 관련된 행동이나 사건내용을 기록하고, 그것이 일어나게 된 환경적 배경을 상세하게 이야기식으로 서술하는 방법
사건표집법	관찰자가 관심을 갖고 있는 어떤 행동이나 사건이 나타나기를 기다렸다가 그 행동이나 사건이 일어나면 그때마다 일정한 형식에 따라 기록을 남기는 방법
시간표집법	특수한 시간체계 내에서 행동을 표집하는 방법으로, 미리 선정된 행동을 정해진 짧은 시간 동안 관찰하며 시간 간격에 맞추어 여러 차례 반복하여 관찰하는 방법
행동목록법	관찰할 행동의 목록을 사전에 만들어 놓고 관찰하면서 해당되는 행동이 나타날 때마다 체크로 표시하는 방법
평정척도법	관찰을 충분히 한 후에 그 결과를 요약하는 수단으로 사용되고, 관찰에서 얻은 자료를 수량화하고자 고안된 방법

3) 영유아 발달의 관찰 및 지도

관찰지침(서혜성 외, 2007)은 다음과 같다.

> **관 찰 지 침**
>
> 이 행동목록법은 발달 정도를 점검해 보는 것으로 예비보육교사는 영유아의 해당 연령에 따라 각 영역에서 영아가 보이는 행동을 관찰한 후에 영유아가 그 행동을 보이면 ○표를, 아직 보이지 않는 경우 ×표를 하도록 한다. 실시할 때마다 실시하는 날을 중심으로 영아의 월령을 정확히 기록해 두어야 한다. 이 행동목록법은 2개월 또는 3개월에 한 번씩 주기적으로 실시하는 것이 바람직하다.

제 5 장

보육실습의 평가

1 보육실습 평가의 의의

보육실습의 평가란 보육실습의 목표, 내용, 방법 및 과정을 객관적이고 과학적으로 점검하는 과정이다(이소희 외, 2006).

그리고 보육실습 평가의 목적은 현장실습의 제반 과정을 개선하고, 나아가 보육실습생으로 하여금 항상 노력하는 자세를 갖도록 하는 데 있다. 구체적인 내용은 다음과 같다(임재택 외, 1997).

① 현장실습의 목표를 달성하기 위해서이다.
② 보육실습생들 간의 개인차를 발견하기 위해서이다.
③ 보육실습생의 자기발전 정도를 확인시킨다.
④ 보육실습생의 실습생활에 대한 동기를 유발시킨다.
⑤ 실습활동에 대한 지도 원리의 타당성을 검토하게 된다.
⑥ 실습의 효과와 능률을 확인하고 개선에 필요한 시사점을 얻는다.
⑦ 관계기관의 협력을 구할 수 있고, 자료를 얻을 수 있다.
⑧ 실습을 마친 후 학교로 돌아가 학과목 이수 인정을 받기 위해서이다.

2 보육실습생의 평가

보육실습 평가 준비사항(김명순 외 5인, 2013)은 <표 5-1>과 같다.

〈표 5-1〉 보육실습 평가 준비사항

구분	교수 및 양성교육기관	학생
내용	• 보육실습기관과의 유기적 협조 • 보육실습기관 공문 제출 • 보육실습서류 목록 제공 • 보육실습일지 양식 개발 • 실습평가회의 개최 및 주도 • 보육실습기관 방문 • 보육실습기관 원장과의 협의 • 보육실습기관 방문결과보고서 작성	• 보육실습일지 작성과 제출 • 보육활동계획안 작성 • 실습지도교사의 피드백 수렴 • 실습평가회의 참석 • 실습지도교사와의 지속적 협의 • 실습 전반에 대한 반성적 사고
서류	• 보육실습일지 양식 • 보육실습 의뢰 공문 • 보육실습평가서 • 보육실습기관 방문계획서 • 보육실습기관 방문결과보고서	• 보육실습일지와 활동계획안 • 보육실습 자기평가표

보육실습의 평가(서혜성 외, 2007)를 실습양성기관 측과 대학 측으로 나누어 정리하면 다음과 같다.

1) 실습양성기관 측의 평가

실습양성기관에는 대학의 보육실습 지도교수와의 긴밀한 협조를 바탕으로 자신의 기관에 배정된 보육실습생의 실습과정을 철저히 지도·감독하고, 원장 및 보육실습 지도교사가 보육실습평가서를 작성한 후 대학에 송부한다.

보육실습생에 대한 평가(윤기영 외, 2000)는 <표 5-2>와 같다.

〈표 5-2〉 보육실습생 평가

평가영역(배점)	평가항목	
근무태도와 자질 (20점)	근무사항	출석, 결석, 지각, 조퇴 등
	태도	성실성, 근면성, 친절, 적극성, 복장 및 용모, 예절
	자질	영유아 존중, 책임감, 인성, 열의
	관계형성	실습지도교사와의 관계, 동료실습생과의 관계
보육활동 계획과 실행(30점)	보육활동 계획	영역별, 반일(일일)보육활동계획의 적합성과 충실한 준비
	보육활동 실행	영역별, 반일(일일)보육활동의 효과적이고 적절한 실행 정도
보육실습생으로서 역할수행(30점)	영유아 행동 및 놀이 관찰, 보육환경 관찰	
	보육일과 진행 보조와 일상생활지도	
	영유아 상호작용과 놀이 참여	
보육실습일지작성(10점)	구체적이고 충실한 보육실습일지 작성과 일일자기평가 및 지도교사 평가 반영	
총평(10점)	실습기간동안 보육실습생으로서 향상 정도	

자료: 한국보육진흥원, 2013

2) 대학 측의 평가

대학에서는 보육실습생의 실습결과에 대한 최종적인 평가를 하게 된다. 보육실습 지도교수는 보육실습평가서와 보육실습생들이 제출한 각종 과제물, 자료, 그리고 보육실습 지도교수 자신이 보육실습생을 평가·기록한 자료를 근거하여 최종적인 평가를 실시한다.

보육실습일지, 수업계획안, 기안(환경구성, 교구제작)과 같은 문서를 작성하는 요령을 살펴보면 다음과 같다.

(1) 보육실습일지 작성

보육실습생 실습의 전 과정을 비추어 주는 거울과 같은 보육실습일지는 구체적이며 실질적으로 작성하여야 한다. 보육실습일지의 일반적 유의사항은 다음과 같다(류왕효, 2005).

① 매일 기록하고, 보육실습 지도교사 및 원장의 점검을 받는다.
② 구체적으로 자세하게 기술한다.
③ 간결하면서도 분명한 단어로 표현한다.
④ 정자체로 기록하고, 표준어를 사용한다.
⑤ 사진 및 그림 자료를 첨부한다.

보육실습일지 작성요령(류왕효, 2005)을 문서 영역별로 정리하면 <표 5-3>과 같다.

〈표 5-3〉 보육실습일지 작성요령

문서영역	문서 작성요령
출 근 부	• 정해 준 출근 시간보다 10분에서 20분 정도 일찍 출근하도록 한다. 출근 시 바로 출근부에 도장을 찍거나 사인을 하고, 출근 시간도 함께 기록하는 것이 좋다.
신 상 기 록 부	• 주소 · 성명 · 성별 · 생년월일 등 기본적인 인적 사항과 종교 · 소속대학교 · 학력 · 경력 · 가족사항 · 취미 · 특기 등의 추가사항을 기록한다. • 신상기록부는 자신에 대한 정보를 사실적으로 정확하게 기록하여 반명함판 사진을 함께 첨부하고, 비고란에 보육실습생의 자격증이나 수료증, 근무기록 등을 기록하여 추후 취업과 연관시키는 것도 좋은 방법이다.
실 습 일 정 표	일반적으로 6주에 걸쳐 참관부터 종일수업까지 경험하게 되며, 보육교사로서의 직무를 전체적으로 수행하게 된다. ① 첫째 주 : 어린이집 현황과 실습의 전반적인 과정에 대한 오리엔테이션을 받고, 실습계획을 협의한다. 또 보육실습생과 보육교직원, 원아 간 상호 인사를 하고, 보육활동 관찰 및 참관을 하며 하루일과를 몸에 익히게 된다. 영유아 관찰과 영유아의 교우도를 작성한다. * 가능한 한 빨리 영유아의 이름과 얼굴을 기억하도록 하며, 보육실습 지도교사와 충분히 상의하여 지도계획을 세우도록 한다. ② 둘째, 셋째 주 : 보육활동 및 생활지도에 참가하면서 실습반의 보조교사와 같은 역할을 한다. 영유아를 계속적으로 관찰하며 사례연구를 시작하고, 교재연구 및 교구제작 계획서를 어린이집에 제출한다. 부분수업을 경험할 수도 있다. * 영유아의 수준과 특성을 잘 파악하여 부분수업 및 실제수업 준비에 반영하도록 한다. 또 자유놀이 및 보육실습 지도교사의 수업에 필요한 교구를 함께 제작하고, 전반적인 실습에 대해서 자기점검 및 반성하는 시간을 갖도록 한다. ③ 넷째, 다섯째 주 : 그동안의 실습을 토대로 부분보육실습 지도교사와 상의하여 제출하며, 부적응 영유아 지도계획을 작성하고 실제로 지도해 본다. 부분수업과 함께 간식지도 및 자유놀이지도, 등 · 하원 지도를 부분적으로 경험하며, 교사회의에 참여한다. * 부분수업을 진행하기 전에 보육실습 지도교사와 충분히 상의하고, 철저하게 준비하여 수업을 진행한다. 하루일과의 한 부분을 지도할 때에는 기본의 규칙이나 방법에 어긋나지 않도록 지도한다. ④ 여섯째 주 : 실습 마지막 주로 일일수업 또는 교구 제출을 한다. 영유아의 생활지도나 놀이지도를 실제로 지도하며, 실제 보육교사로서의 모든 역할을 경험하게 된다. 넷째 주 금요일에는 전체적인 보육실습에 대한 평가와 보육교사로서의 자질에 대해 토의하며, 실습을 마무리하게 된다. * 무엇보다 수업준비를 충실하게 하여 종일수업을 잘 진행하며, 실습 마무리를 잘할 수 있도록 힘쓴다.

문서영역	문서 작성요령
기관의 대지 및 평면도	• 어린이집의 대지 및 평면도를 그릴 때에는 보육시설 전체의 배치도를 그린다. 또 어린이집의 건물형태 및 실내외 시설・설비의 특징을 기록하고, 가능한 도식을 사용하여 그린다. • 교실 평면도 및 환경 구성도를 그릴 때에는 교실의 출입구, 창문, 싱크대 등의 시설을 그리고 기록한다. 또 실내 학급의 실내 흥미영역의 배치를 자세하게 그리고 해당하는 영역명을 기록한다. 특징적인 교구 및 학습자료, 벽면 구성, 게시물, 교구장의 배치 및 교구의 특징을 기록한다.
보육계획안	• 보육실습생은 실습을 시작하면, 실습 어린이집에서 연간 및 월・주 보육계획안을 받아 일지에 붙이도록 한다.
관찰기록	• 보육실습생은 보육실습 지도교사와 협의한 후, 관찰기록을 실습 초반에 시작한다. • 보육실습생이 기록하는 관찰방법은 표본식 기술로, 그 상황을 보지 않은 사람도 기록을 보고 그 당시의 상황을 그대로 재현할 수 있을 정도로 자세하게 기록한다. • 관찰기록을 작성할 때에는 관찰대상자를 정하고, 문제행동의 발생 유무 뿐 아니라 행동의 순서까지 정확히 기록한다. 또 관찰대상 영유아의 행동 및 장소, 관찰목적, 장면을 결정하여 기록하고, 상황의 정확한 이해를 위하여 관찰행동의 전후 상황도 자세하게 기록한다.
일지작성	실습한 내용을 기록한 후, 보육실습생은 자신의 도장을 먼저 찍고, 보육실습 지도교사에게 실습일지를 제출한다. ① 주제 : 하루의 활동을 포괄할 수 있는 큰 주제명으로, 어린이집에서 받은 주간 교육계획안과 일치하도록 기록한다. ② 보육목표 : 보육실습 지도교사의 수업을 참관하며, 주제와 활동을 통해 유아에게 기대되는 내용을 구체적이고 명확하게 기록한다. ③ 지시 및 협의사항 : 보육실습 지도교사 및 원장님의 지시나 협의사항을 간단히 기록하여, 다음날 실습에 반영하도록 한다. ④ 활동시간 및 활동명 : 수업을 참관하며 하루일과를 시간별로 나누어 기록하고, 시간에 활동한 활동명을 기록한다. ⑤ 활동내용 : 보육실습 지도교사의 교육방법, 활동의 구체적인 내용, 영유아 지도방법, 영유아의 반응 등을 자세하게 기록한다. 활동 중인 사진이나 활동의 결과물을 사진으로 찍어 일지에 첨부하는 것도 추후 좋은 자료가 된다. ⑥ 기대되는 학습효과 : 보육목표와는 달리 한 가지의 활동을 통하여 기대되는 것을 기록한다. ⑦ 자료, 유의점 : 활동에 필요한 자료를 구체적으로 기록하고, 유의해야 할 사항이 있으면 기록한다. ⑧ 반성 및 내일의 준비 : 하루 일과와 실습내용, 보육활동 전반에 관한 소감과 반성, 결심 등을 기록한다. ⑨ 보육실습 지도교사의 조언 : 지도교사는 보육실습생이 기록한 일지의 내용을 참고하여 수업 및 영유아 지도 등에 대해서 조언과 전달 및 지시사항을 기록한다.

문서영역	문서 작성요령
사 례 연 구	보육실습생은 보육실습 지도교사와 충분히 상의하고, 어린이집의 허락을 받아 사례연구를 시작한다. 자세하고 정확하게 기록하며, 보육실습생의 주관적인 생각은 기록하지 않는다.
보육실습생의 자 기 평 가	보육실습생은 자신에게 주어진 6주 간의 실습을 마치면서 그동안 경험한 내용을 자유롭고 진솔하게 기록한다. 실습 동안에 느꼈던 점, 깨닫게 된 점, 대학 측에 대한 요망사항, 보육교사로서의 마음가짐 등을 기록한다.

(2) 수업계획안 작성

수업을 실시하기 전에 수업목적, 내용, 방법, 평가의 과정을 흐름에 따라 구체적으로 계획한 문서인 수업계획안은 보육실습생이 미리 작성하여 보육실습 지도교사의 허락을 받은 후에 실시해야 한다. 수업계획안 작성 시 일반적인 유의사항(류왕효, 2005)은 다음과 같다.

① 목표가 명확해야 하며, 내용 및 진행방법이 간결하면서도 체계적으로 짜여야 한다.
② 영유아의 발달 및 학습 원리에서 강조하는 내용이 수업계획안에 반영되도록 한다.
③ 세밀하고 깊이 있게 보육활동에 직결될 수 있도록 작성한다.
④ 활동시간을 잘 고려하여 작성하고, 영유아의 흥미 변화에 따라 대처할 수 있도록 융통성 있게 계획하여야 한다.
⑤ 수업진행 전에 반드시 보육실습 지도교사의 지도와 조언을 받는다.

보육실습생이 실습기간에 작성하는 수업계획안의 작성요령(류왕효, 2005)을 부분수업계획안과 종일수업계획안으로 나누어 정리하면 <표 5-4>와 같다.

〈표 5-4〉 수업계획안 작성요령

문서영역	문서 작성요령
부분수업계획안	• 부분수업계획안은 하루일과 중 한 가지 보육활동을 진행하기 전에 작성하는 것이다. 보육실습생은 실습 두 번째 주부터 부분수업을 시작하게 되므로, 보통 첫 주나 두 번째 주의 초반에 부분수업계획안을 작성하여 보육실습 지도교사에게 제출한다. • 부분수업계획안을 작성할 때는 대상 연령을 고려하여 실습 중인 반에서 현재 진행 중인 주제에 맞게 구성하고, 어느 활동을 진행할 것인지와 하루일과 중 어느 시간에 진행할 것인지에 따라서 계획을 다르게 세워야 한다. 또 도입・전개・마무리 단계의 소요시간과 필요한 준비물, 구체적인 활동내용을 상세하게 기록한다. • 일반적으로 부분수업계획안에는 주제와 목표, 활동명, 활동내용, 대상연령, 필요한 준비물, 소요시간 등이 기록된다.
종일수업계획안	• 종일수업계획안은 실습 마지막 주에 종일수업을 진행하기 전에 작성하여 제출한다. 그동안 작성했던 부분수업계획안과는 달리 영유아의 등원 시부터 반일 또는 귀가할 때까지의 모든 계획을 작성해야 하며, 적어도 세 가지 활동이 포함되어야 한다. 종일수업은 실습의 마무리 과정으로 보육교사로서의 자신을 평가할 수 있는 가장 객관적인 방법이므로, 진행 전에 철저하게 계획한다. • 종일수업계획안은 적어도 수업 3일 전에는 보육실습 지도교사에게 제출하여 조언을 구하고, 원장님께 결제를 받도록 한다. • 종일수업계획안에는 수업진행 날짜와 대상연령, 주제 및 목표, 활동시간, 활동내용, 준비물 및 유의점을 기록한다. 활동시간은 등원부터 반일 또는 귀가할 때까지 하루일과의 시간을 세부적으로 나누어 기록한다. 또 활동은 정적인 활동과 동적인 활동이 골고루 분배되도록 계획하고, 산책이나 실외활동(바깥놀이)를 일과에 반드시 포함시키도록 한다.

(3) 기안(환경구성, 교구제작)

행사를 기록하여 실행하고자 할 때 계획안을 미리 제출하여 허락을 받은 후에 실시하는 업무 절차인 기안은 검토할 수 있는 충분한 시간의 여유를 두고 제출하되, 참고자료를 충실하게 첨부하는 것이 좋다(류왕효, 2005).

① 환경구성

교구・교재 배치, 환경판・작품란 구성, 정리와 꾸미기 등이 교실의 환경구성에 포함된다. 환경구성은 균형적이고 조화롭고 매력적이면서도 너무 산만하지 않도록 구성하여 안정감과 통일감을 느낄 수 있도록 한다.

실습 중 환경구성은 일반적으로 마지막 주에 게시판이나 환경판 구성을 하게 된다. 보육실습생은 환경구성 시작 전에 보육실습 지도교사와 상의하여 환경구성 계획표를 제출하고, 원장의 승인을 받은 후 환경구성을 시작한다. 환경구성을 완성하고 사진을 촬영하여 일지에 붙이면 추후 좋은 자료로 사용할 수 있다. 환경구성 계획표에는 주제, 준비물 도안, 준비제작 과정 등을 기록한다.

② 교구제작

보육실습생은 보육활동의 주제와 목표를 연관 지어 교수 자료를 연구하는 과정인 교구제작을 통하여 보육활동 주제와 목표를 바르게 이해할 수 있으며, 합리적이고 효율적인 보육활동을 구상하고 자료를 준비할 수 있게 된다. 교구제작 전에 보육실습 지도교사와 상의하고, 교구계획안을 작성하여 제출한다.

교구계획안을 작성할 때에는 교구명, 목표, 교구재료, 제작과정, 활동방법, 확장활동 및 유의점 등을 기록한다. 보육실습 지도교사나 원장이 보육실습생이 제출한 교구계획안을 봄으로써 완성된 교구를 상상할 수 있도록 자세하게 기록하고, 현재 진행 중인 활동과 잘 연관될 수 있는 교구를 제작하도록 한다. 완성하여 제출한 교구는 어린이집의 허락을 받아 사진을 촬영한 뒤, 교구계획안 사진란에 붙인다.

3) 보육실습생의 자기평가

보육실습생들은 자신의 실습과정과 결과를 객관적이고 성실하게 평가해 볼 필요가 있다.

평가영역과 항목(서혜성 외, 2007)은 다음과 같다.

① 원아관리 및 생활지도
② 보육활동의 기술향상
③ 영유아들의 특성 이해 및 개인차 고려
④ 감정조절 및 보육실습생의 자세
⑤ 학급집단의 구조이해
⑥ 학습 자료의 효율적 사용
⑦ 학급 경영기술의 향상
⑧ 영유아의 조화로운 성장·발달 촉진
⑨ 적절한 평가

⑩ 보육실습기관과의 유대관계

⑪ 교직수행

⑫ 기타

- 보육실습기관에서 실시되는 부모교육의 내용 및 방법에 대한 인식 정도
- 각종 교직원 회의나 연수회 · 사례 발표회 등 참여 여부
- 보육실습 지도교사의 영유아 생활지도 및 상담활동 사례에 대한 관찰 및 시행
- 보육기관에서 실시되는 각종 행사의 목적 · 내용 · 방법 등에 대한 이해 정도

보육실습이 당신의 인생을 좌우합니다.

♥ 보육실습을 마치고 나서 ♥

- 반 아이들에게 보육실습생의 마음이 담긴 아주 작은 선물 준비
  예) 작은 카드, 과자 구워 주기, 종이접기로 만든 꽃 한 송이, 반가 작사·작곡, 다른 반 교생들과 힘을 모아 인형극 공연, 머리핀, 머리띠, 나비넥타이 등
- 정성 어린 마음의 편지와 함께 보육교직원들께도 작은 감사의 선물 전하기
- 실습일지 최종 마무리하여 보육실습 지도교사와 원장님의 결제 받기

참고문헌

김순옥 · 이병헌 · 이정희 · 이춘희 · 임성혜 · 장선철(1996). 유아교육실습. 동문사.
류진희(2000). 유아교사를 위한 교육실습과 교육활동. 양서원.
류왕효(2005). 예비교사를 위한 보육실습. 신정.
박낭자 · 백미열 · 윤희경 · 이정란 · 정수미 · 조인숙 · 조혜경 · 최경애 · 황혜경(2007). 보육실습의 이해. 창지사.
서혜성 · 김경화 · 신지현(2007). 보육실습. 공동체.
윤기영 · 정현숙(2000). 유아교육실습. 양서원.
이소희(2005). 보육실습. 대왕사.
이소희 · 이숙희 · 이정혜 · 장명림 · 도미향(2006). 보육실습. 양서원.
임영서(1999). 유아교육실습. 정민사.
임재택 · 고영인 · 김정신(1997). 보육실습. 양서원.
전남련(2006). 보육실습의 이론과 실제. 양서원.
조운주(2003). 교육실습생과 지도교사를 위한 유아교육실습. 지누미디어.
김명순 · 이미정 · 김영주 · 황성원 · 안현숙 · 이민주(2013). 양성교육기관에서의 보육실습 지도. 한국보육진흥원.
김명순 · 이미정 · 김영주 · 황성원 · 안현숙 · 이민주(2013). 어린이집에서의 보육실습 지도. 한국보육진흥원.

영유아보육법 [법률 제14001호, 2016.2.3., 일부개정] [시행 2016.8.4.]
영유아보육법 시행규칙 개정(2016.1.12. 공포, 보건복지부령 제392호)
유아교육법 [법률 제13574호, 2015.12.22., 일부개정] [시행 2016.6.23.]

부록1

보육교사 자격기준 변경 안내

한국보육진흥원 자격증 교부사업 홈페이지 참조

Ⅰ 보육교사 자격기준 변경 안내

보육교사의 인성과 자질을 향상시켜 전문성을 높이고 보육서비스의 질적 수준 향상을 위해 보육교사 자격기준이 강화됩니다.

어린이집 아동학대 사건으로 보육교사의 인성 및 자질 향상이 무엇보다 중요하다는 사회적 관심과 요구가 높아졌습니다.

이에 사이버 교육만으로 보육교사 자격을 취득하는 데에 따른 부작용을 해소하고, 보육교사로서의 전문성을 높일 수 있도록 대면교육 및 현장실습 강화를 주요 내용으로 하여 보육교사 자격기준을 변경하였습니다.

※ 영유아보육법 시행규칙 개정 (2016.1.12. 공포, 보건복지부령 제392호)

Ⅱ 주요 변경사항

1 교육영역 및 영역별 필수교과목 변경

보육필수 등 6개 영역

① 보육필수(6과목)
② 발달 및 지도(1과목 이상)
③ 영유아교육(6과목 이상)
④ 건강·영양 및 안전(2과목 이상)
⑤ 가족 및 지역사회 협력 등(1과목 이상)
⑥ 보육실습

➡

교사 인성 등 3개 영역

① 교사 인성 (2과목)
② 보육 지식과 기술 (9과목 필수, 4과목 선택)
③ 보육 실무(2과목)

2 대면교육 강화

- 대면으로 수업이 필요한 교과목 지정(9개)
- 대면교과목당 8시간 출석 수업 및 출석 시험 의무화

3 보육실습 기준 강화

4주 160시간 실습		6주 240시간 실습
정원 15인 이상 어린이집	➡	정원 15인 이상 평가인증을 유지하는 어린이집

Ⅲ 보육교사 2급 자격기준

1 교육영역별 교과목 및 학점

- **교사 인성 영역** 필수 **2과목**(6학점)
  보육교사(인성)론, 아동권리와 복지

- **보육 지식과 기술 영역** 필수 **9과목**(27학점)
  보육학개론, 보육 과정, 영유아 발달, 영유아 교수방법론, 놀이지도, 언어지도, 아동음악(또는 아동동작, 아동미술), 아동수학지도(또는 아동과학지도), 아동안전관리(또는 아동생활지도)

- **보육 지식과 기술 영역** 선택 **4과목**(12학점) **이상**
  아동건강교육, 영유아 사회정서지도, 아동문학교육, 아동상담론, 장애아 지도, 특수아동 이해, 어린이집 운영 관리, 영유아 보육프로그램 개발과 평가, 보육정책론, 정신건강론, 인간행동과 사회환경, 아동간호학, 아동영양학, 부모교육론, 가족복지론, 가족관계론, 지역사회복지론

- **보육 실무 영역** 필수 **2과목**(6학점)
  아동관찰 및 행동연구, 보육실습

17과목 51학점 이상

2 대면 교과목

- **교육영역별 대면교과목**

구 분	교과목
교사 인성 영역	보육교사(인성)론, 아동권리와 복지
보육 지식과 기술 영역	놀이지도, 언어지도, 아동음악(또는 아동동작, 아동미술), 아동수학지도(또는 아동과학지도), 아동안전관리(또는 아동생활지도)
보육 실무 영역	아동관찰 및 행동연구, 보육실습

- **실시방법** : 과목당 8시간 이상 출석 수업, 1회 이상 출석 시험 실시

3 보육실습 기준

구 분	기준
실습 운영	이론수업과 보육현장실습으로 운영
실습 기간	**6주 240시간**(2회에 나누어 실시 가능)
실습 기관	- 정원 15명 이상으로 평가인증을 유지하는 어린이집 - 방과후 과정을 운영하는 유치원
실습 지도교사	- 보육교사 1급 또는 유치원 정교사 1급 - 실습 지도교사 1명당 보육실습생 3명 이내 지도
실습 인정시간	- 평일(월요일~금요일) 오전 9시 ~ 오후 7시 - 실습시간은 하루에 8시간을 초과할 수 없음
실습의 평가	- 보육실습일지와 실습평가서 작성 - 평가점수 80점 이상

4 교육과정에 따른 적용례

- 대학 등을 입학한 사람은 2017.1.1. 이후 입학하는 사람부터 적용합니다.
  - 다만, 2017.1.1. 전 입학하는 사람이라도 2017.1.1. 이후에는 아래 교과목의 교육을 시작한 경우 개정 대면교과목 및 보육실습 기준에 따라 이수해야 합니다.
- 학점인정 기관 등은 2018.1.1. 이후 전문학사 이상을 취득하는 사람부터 적용합니다.
  - 다만, 2018.1.1 이후 전문학사 이상 취득하는 사람이라도 2017.3.1. 전 아래의 교과목을 이수한 경우 개정 대면교과목 및 보육실습 기준으로 이수한 경우로 인정 받습니다.

> 보육교사론, 아동복지(론), 놀이지도, 언어지도, 아동음악, 아동동작, 아동미술, 아동수학지도, 아동과학지도, 아동안전관리, 아동생활지도, 아동관찰 및 행동연구, 보육실습

Ⅳ 보육교사 3급 자격기준

1 교육 과정

- 교사 인성 영역 **필수** **2과목(6학점)**

보육교사(인성)론(3학점), 아동권리와 복지(3학점)

- 보육 지식과 기술 영역 **필수** **18과목(52학점)**

보육학개론(3학점), 보육과정(3학점), 영유아 발달 및 지도(3학점), 아동생활지도(3학점), 영유아 문제행동지도 및 상담(3학점), 특수아동 이해와 지도(3학점), 놀이지도(3학점), 언어지도(3학점), 아동음악과 동작(3학점), 아동미술지도(3학점), 아동수학지도·아동과학지도(3학점), 영유아 교수방법론

(3학점), 교재교구개발(3학점), 부모교육(3학점), 영유아 건강지도(2학점), 영유아 영양지도(2학점), 아동안전관리(3학점), 어린이집 운영 관리(3학점)

- **보육 실무 영역 필수 2과목(7학점)**
  아동관찰 및 실습(3학점), 보육실습(4학점)

22과목 65학점 이상

※ 과목당 평가점수는 70점 이상으로, 보육실습기준은 보육교사 2급과 같습니다.

2 교육 과정에 따른 적용례

- 시도지사가 지정하는 교육훈련시설에 2016.8.1. 이후에 입학한 사람부터 적용합니다.

V Q & A

1 보육교사 2급

Q 교육영역은 어떻게 바뀌나요?

- 보육필수 등 6개 영역이 교사 인성 등 3개 영역으로 변경됩니다.
- 자격 취득을 위해 총 17개 과목(51학점) 이상을 이수해야 하나, 교육영역이 변경됨으로써 각 영역에 따라 이수하는 교과목이 크게 달라졌습니다.
- 따라서, 자격취득 희망자들은 입학일(대학 등)이나, 학위 취득일(학점인정기관 등)에 따라 이수해야 하는 교과목을 확인하시기 바랍니다.

Q 교육영역에 따라 이수하는 교과목은 어떻게 되나요?

- 교사 인성 영역은 보육교사(인성)론, 아동권리와 복지를 모두 이수해야 합니다.
- 보육 지식과 기술영역은 총 13개 교과목을 이수해야 하는데, 이 중 필수와 선택으로 나누어져 있습니다.
  - 필수 교과목(9개)
    보육학개론, 보육 과정, 영유아 발달, 영유아 교수방법론, 놀이지도, 언어지도, 아동음악(또는 아동동작, 아동미술), 아동수학지도(또는 아동과학지도), 아동안전관리(또는 아동생활지도)
  - 선택 교과목(17개 중 4개 택)
    아동건강교육, 영유아 사회정서지도, 아동문학교육, 아동상담론, 장애아 지도, 특수아동 이해, 어린이집 운영 관리, 영유아 보육프로그램 개발과 평가, 보육정책론, 정신건강론, 인간행동과 사회환경, 아동간호학, 아동영양학, 부모교육론, 가족복지론, 가족관계론, 지역사회복지론
- 보육 실무영역은 아동관찰 및 행동연구, 보육실습을 모두 이수해야 합니다.

Q 대면 교과목은 무엇인가요?

- 보육교사의 인성과 영유아와의 상호작용기법을 배우는데 중요한 교과목 위주로 지정되었습니다.
- 교사 인성 영역과 보육 실무 영역 교과목은 모두 대면교과목이고, 보육 지식과 기술 영역은 필수 교과목 중 다음 5개 교과목이 해당 됩니다.
  - 놀이지도, 언어지도, 아동음악(또는 아동동작, 아동미술), 아동수학지도(또는 아동과학지도), 아동안전관리(또는 아동생활지도)

Q 대면 교과목은 어떻게 이수해야 하나요?

- 대면 교과목은 출석 수업으로 이수하는 것이 바람직합니다.
- 개정 자격기준은 대면 교과목별로 8시간 이상 출석 수업을 하고, 1회 이상 출석시험을 실시하도록 최소한의 기준을 정하고 있습니다.

Q 보육실습에서 변경된 내용은 무엇인가요?

- 보육실습은 3학점 이상으로 이수하되, 현장실습과 함께 보육실습의 내용과 방법 등을 이론수업을 통해 학습하도록 하고, 현장실습은 4주 160시간에서 6주 240시간으로 확대하였습니다.
- 다만, 현장실습은 교육 편의를 위하여 2회로 나누어 실시할 수도 있으며, 이 경우 실습기간을 나누는 방식은 교육기관과 어린이집에서 협의하여 진행 가능합니다.

Q 보육실습기관은 어떻게 바뀌나요?

- 우수 어린이집에서 현장실습이 이루어지도록 어린이집 "평가인증"을 받고 유지 중인 어린이집으로 강화하였습니다.
- 보육교사 자격취득 희망자들은 보육실습에 앞서 어린이집이 평가인증을 유지하고 있는지 여부를 임신육아종합포털 아이사랑 홈페이지 (http://www.childcare.go.kr) 내 "어린이집▶어린이집찾기▶평가인증 정보"를 통해 확인하시기 바랍니다.

Q 「고등교육법」 제2조에 따른 대학에 다니고 있는 학생입니다.
보육교사 자격기준은 어떻게 적용되나요?

- 2017년 1월 1일 이후 입학생부터 개정 자격기준에 따른 교육영역별 필수교과목이나 대면교과목을 이수해야 합니다.
- 그러나, 2017년 1월 1일 전에 입학한 경우(예, 2015년 3월 입학생 등) 개정 이전 교육영역(6개 영역)별 교과목을 이수하여야 하나, 2017년 1월 1일 이후 보육실습 등 대면교과목의 교육을 시작하는 경우 대면교과목 기준이 적용됩니다.

  ※(예시) 보육실습을 2016년 12월부터 시작한 경우 4주 160시간을 이수해도 되나, 2017년 1월 이후 시작한 경우 6주 240시간을 이수해야 합니다.

Q 「고등교육법」 제2조에 따른 대학에 편입학하려고 합니다.
보육교사 자격기준은 어떻게 적용되나요?

- 대학에 편입학하는 경우 편입학하는 학년과 같은 자격기준이 적용됩니다.

※(예시) 2017년 1월 1일 이후 2015년 입학생들과 같은 3학년으로 편입학 경우, 2015년 입학생에게 적용되는 자격기준으로 이수하여야 합니다.

Q 학점인정방식으로 보육교사 자격을 준비 중인 학생입니다. 보육교사 자격기준은 어떻게 적용되나요?

- 2018년 1월 1일 이후 전문학위 이상의 학위를 취득하는 경우 개정 자격기준에 따른 교육영역별 필수 교과목이나 대면교과목을 이수해야 합니다.
- 그러나, 2018년 1월 1일 이후 학위 취득자라고 해도, 2017년 3월 1일 전에 보육실습 등 대면교과목에 해당하는 과목을 이미 이수한 경우에는 대면교과목 기준을 적용하지 않습니다.

2 보육교사 3급

Q 교육과정은 어떻게 되나요?

- 보육교사 2급과 같이 교사 인성 등 3개 영역으로 변경되고 전체 22과목 65학점을 이수하여야 합니다.

Q 교육훈련시설에 입학하려 합니다. 교육과정은 어떻게 적용되나요?

- 2016년 8월 1일 이후 입학하여 교육과정을 시작한 경우부터 개정 자격기준을 적용받게 됩니다.

부록 2

보육실습 관련 서류

한국보육진흥원(2013)의 양성교육기관에서의 보육실습 지도 부록 참고

- 보육실습 신청서
- 보육실습 협조공문
- 보육실습 동의서
- 보육실습생의 신상카드(양성교육기관 보관용, 어린이집 보관용)
- 보육실습생의 서약서
- 보육실습생의 자기소개서
- 보육실습기관 현황
- 보육실습비 영수증
- 보육실습생의 자기평가표(Ⅰ), (Ⅱ)
- 보육실습생에 대한 보육실습평가서
- 보육실습 결과보고서
- 보육실습 방문지도 계획서
- 보육실습기관 방문결과보고서
- 보육실습 확인서
- 실습 지도교사 1인당 3명 이내의 보육실습생 지도 확인 서류 (실습기관 발행 공문, 대학(교)/보육교사교육원 발행 공문)
- 보육실습생 기록대장(양성교육기관 보관용, 어린이집 보관용)
- (어린이집의 원장 · 보육교사) 자격증 발급신청서
- 위임장
- 보육교사 자격증

보육실습 신청서

(20 년 학기)

보육실습생 정보			
성 명		학과 / 학번	/
보육실습 기간	20 년 월 일 ~ 20 년 월 일(연속 6주 240시간 이상)		
집 주 소	우편번호 : - 새 주 소 : 헌 주 소 :		
핸드폰		집 / (직장)	집 : 직장 :
e-mail 주소			

희망 보육실습기관 정보			
보육관련 이수 교과목(이수교과목을 모두 적으세요)	: 총 ( )개 과목 이수		
실습 희망 지역			
보 육 실 습 기 관 명	어린이집(정원 : 명)	원 장	
보육실습 희망 기관유형	① 국공립 어린이집 ( ) ② 사회복지법인 어린이집 ( ) ③ 법인·단체 등 어린이집 ( ) ④ 직장 어린이집 ( ) ⑤ 가정 어린이집 ( ) ⑥ 부모협동 어린이집 ( ) ⑦ 민간 어린이집 ( ) ⑧ 종일제 유치원 ( )		
평 가 인 증 여 부	① 예( ) ② 아니요( ) ③ 진행 중( )		
기 관 주 소	우편번호 : - 새 주 소 : 헌 주 소 :		
전 화 번 호		팩 스	
보 육 실 습 지 도 교 사	이 름 :	보육교사 1급 ( ) 유치원 정교사 1급 ( ) ※ 해당 자격에 'O'표 하세요.	
보 육 실 습 지 도 비	은 행 : 계좌번호 : 예 금 주 : 금 액 : 만 원		
기타 희망사항			

보육실습 협조공문

대학교　　　학과(　　　　보육교사교육원)

수신자　　　　　　　　어린이집 원장 (보육실습지도 담당자)
(경유)
제　목　보육실습생 의뢰의 건

1. 귀 기관의 무궁한 발전을 기원합니다.

2. 　　　대학교　　　학과 학생들이 귀 기관에서 보육실습을 희망하고 있습니다. 이에 보육실습생을 의뢰하오니 보육실습에 대한 협조를 부탁드립니다.
   가. 보육실습기간 : 20　년　월　일 ~ 20　년　월　일까지(240시간 이상)
   나. 보육실습생 : 보육실습생 명단 참조

3. 보육실습생 명단

연번	성명	학번	주소	연락처	비고
1					

4. 어린이집지원시스템을 통한 보육실습생 등록·관리 안내 및 보육실습 확인서 회신 협조
   가. 보육정보종합시스템 내 어린이집지원시스템 보육실습생관리 메뉴에 보육실습 내용을 입력 후 출력해 주시기 부탁드립니다.
   나. 보육실습 동의서(직인), 보육실습기관현황, 보육실습비 영수증, 시설인가증 사본 1부, 보육실습지도를 담당할 교사의 보육교사 1급 자격증 사본 1부는 20　.　.　.(　요일)까지 회신 부탁드립니다.
   그리고 보육실습확인서(직인)는 20　.　.　.(　요일)까지 회신 부탁드립니다.

대학교　　　학과장(　　　　보육교사교육원장)　직인

별첨 : 보육실습 동의서 1부.
　　　보육실습생의 신상카드 1부.
　　　보육실습생의 서약서 1부.
　　　보육실습생의 자기소개서 1부.
　　　보육실습기관현황 1부.
　　　보육실습비 및 영수증 1부. 끝.

기안자　　　　　　　　　　학과장　　　　(보육교사교육원장　　　　)
협조자
시행　　－　　호(20　.　.　)　　접수　　－　(20　.　.　)
우　　－　　시　　구　　동　번지　　대학교　/ www.　.ac.kr
전화 (　)　－　전송 (　)　－　/　　@　.　. / 공 개

보육실습 동의서

보육실습생 정보					
성 명		학 과		학 번	
기 간	20 년 월 일 ~ 20 년 월 일 (연속 6주 240시간 이상)				
주 소	우편번호 : - 새 주 소 : 헌 주 소 :				
개인 연락처		e-mail 주소			

보육실습기관 정보			
보육실습 기관명	어린이집 (정원 : 명)	보육실습기관 원장명	
기관주소	우편번호 : 새 주 소 : 헌 주 소 :		
전화번호		팩 스	
평가인증 여부	① 예( ) ② 아니요( ) ③ 진행 중( )		
보육실습 지도교사	이 름 :	보육교사 1급 ( ) 유치원 정교사 1급 ( ) ※ 해당 자격에 'ㅇ'표 하세요.	

위 학생이 본 기관에서 보육실습을 수행함에 동의합니다.

20 년 월 일

보육실습기관 원장 : (직인)

보육실습생의 신상카드

(양성교육기관 보관용)

성　　명	한 글	(남, 여)	(사　진)
	한 자		
생 년 월 일	년　월　일		
소　　속			
집　주　소			
학　　력	20 . . ~ 20 . .	고등학교 입학 및 졸업	
	20 . . ~ 20 . .		
	20 . . ~ 20 . .		
보육관련 이수 교과목 (이수교과목을 모두 적으세요)	: 총 (　　)개 교과목		
비상연락처	집 전화 :		
	본인휴대폰 :		
	비상시 연락휴대폰 :　　(관계 :　　)		
e-mail 주소			

위의 사항이 틀림없음을 확인합니다.

20　년　월　일

본인 서명　　　(인)

학과장(원 장) 귀 하

개인정보 수집·이용 동의

보육실습생 관리를 위하여 '개인정보보호법'에 따라 개인정보 수집·이용에 대한 내용을 알려드리오니 동의하여 주시기 바랍니다.

[법률근거] 개인정보보호법 제15조 '개인정보의 수입·이용'에 관한 법률
[수집·이용 항목] 이름, 생년월일, 연락처(전화번호, 휴대폰번호),이메일, 주소
[수집·이용 목적] 보육실습생 관리를 위한 목적으로 이용되며, 수집한 개인정보는 다른 목적으로 사용되지 않습니다.
[이용 및 보유기간] 보육실습이 종료되는 시점에 수집한 개인정보는 폐기됩니다.
[동의거부 및 불이익] 위의 개인정보 수집·이용에 관한 내용에 동의하지 않는 경우에는 보육실습이 불가합니다.

□ 동의함　　　□ 동의하지 않음

보육실습생 :　　　(인)

보육실습생의 신상카드

(어린이집 보관용)

성 명	한 글	(남, 여)	(사 진)
	한 자		
생 년 월 일	년 월 일		
소 속			
집 주 소			
학 력	20 . . ~ 20 . .	고등학교 입학 및 졸업	
	20 . . ~ 20 . .		
	20 . . ~ 20 . .		
보육관련 이수 교과목 (이수교과목을 모두 적으세요)	: 총 ( )개 교과목		
비상연락처	집 전화 :		
	본인휴대폰 :		
	비상시 연락휴대폰 : (관계 :)		
e-mail 주소			

위의 사항이 틀림없음을 확인합니다.

20 년 월 일

본인 서명 (인)

원 장 귀 하

개인정보 수집·이용 동의

보육실습생 관리를 위하여 '개인정보보호법'에 따라 개인정보 수집·이용에 대한 내용을 알려드리오니 동의하여 주시기 바랍니다.

[법률근거] 개인정보보호법 제15조 '개인정보의 수입·이용'에 관한 법률
[수집·이용 항목] 이름, 생년월일, 연락처(전화번호, 휴대폰번호),이메일, 주소
[수집·이용 목적] 보육실습생 관리를 위한 목적으로 이용되며, 수집한 개인정보는 다른 목적으로 사용되지 않습니다.
[이용 및 보유기간] 보육실습이 종료되는 시점에 수집한 개인정보는 폐기됩니다.
[동의거부 및 불이익] 위의 개인정보 수집·이용에 관한 내용에 동의하지 않는 경우에는 보육실습이 불가합니다.

□ 동의함 □ 동의하지 않음

보육실습생 : (인)

보육실습생의 서약서

성 명 :
소 속 :
대학교 학과 학년

보육교사교육원

상기 본인은 귀 어린이집의 보육실습생으로서 보육실습의 목적과 중요성을 충분히 이해하고 어린이집의 제반 규정을 성실히 준수하여 보육능력 향상에 최선을 다할 것을 서약합니다.

20 년 월 일

보육실습생 : (인)

_____________ 어린이집 원장 귀하

보육실습생의 자기소개서

성 명 :
소 속 :
대학교 학과 학년

보육교사교육원

※ 1. 출생 및 성장과정 2. 보육실습생으로서의 교육관 3. 보육실습 기관으로 ○○○어린이집을 선택한 동기 및 어린이집 발전을 위한 제언 등에 대하여 A4 2매 이내로 기술해 주십시오.

보육실습기관 현황

성　　명 :
생년월일 :　　년　월　일

<table>
<tr><td>기 관 명</td><td colspan="3">어린이집</td><td>유형</td><td colspan="2"></td><td colspan="2">운 영 체</td><td colspan="4"></td></tr>
<tr><td>주 소</td><td colspan="12"></td></tr>
<tr><td>전 화 번 호</td><td colspan="6"></td><td colspan="2">원 장 명</td><td colspan="4"></td></tr>
<tr><td>설 립 이 념</td><td colspan="12"></td></tr>
<tr><td>연 혁</td><td colspan="12"></td></tr>
<tr><td>기 관 특 성</td><td colspan="12">· 특수보육서비스(장애통합, 초등 방과후, 야간, 연장, 휴일 보육 등)
· 기타 사항 : 평가인증 통과 년도(　　　　)</td></tr>
<tr><td>연 령 별 반</td><td>만0세</td><td>만1세</td><td>만2세</td><td>만3세</td><td>만4세</td><td>만5세</td><td rowspan="3">기타 종사자</td><td rowspan="2">사무원</td><td rowspan="2">취사부</td><td rowspan="2">영양사</td><td rowspan="2">간호사</td><td rowspan="2">기타</td></tr>
<tr><td>원 아 수</td><td></td><td></td><td></td><td></td><td></td><td></td></tr>
<tr><td>교 사 수</td><td></td><td></td><td></td><td></td><td></td><td></td><td></td><td></td><td></td><td></td><td></td></tr>
</table>

보육실습 반현황

반 명	반(만　　세)	보육실습 지도교사명	
영유아 수	총　　명(남아　　명/여아　　명)	보육교사 수	명

보육실습비 영수증

(20　　학년도　　학기)

성　명 :

소　속 :

대학교　　　　학과　　학년

보육교사교육원

보육실습비 : 일금 ______만원 정(₩　　　　　)

위 금액을 위 보육실습생의 보육실습비로 정히 영수함.

20　　년　　월　　일

________________어린이집 원장 (직인)

보육실습생의 자기평가표(Ⅰ)

보육실습생 :

못함 잘함

번호	평 가 항 목	척도				
		1	2	3	4	5
1	보육목표를 달성할 수 있는 보육내용을 영유아의 흥미, 수준에 근거하여 적합하게 선정하였는가?					
2	영유아의 흥미와 능력, 사전경험을 잘 관찰하여 영유아 지도계획에 활용하였는가?					
3	보육활동계획안이 적절하게 계획되고 성실하게 준비되어 실행에 무리가 없었는가?					
4	보육활동계획에 따라 자료를 충실히 준비 하였는가?					
5	영유아의 행동을 민감하게 파악하며 상호작용에 최선을 다했는가?					
6	다양한 흥미영역에 고루 참여하여 영유아의 놀이가 지속되고, 확장되도록 놀이를 촉진하였는가?					
7	영유아의 기본생활습관이 형성되도록 동기를 잘 유발하였는가?					
8	대·소집단 활동 시 보육교사로서 다양한 교수법을 활용하여 효과적으로 활동을 이끌었는가?					
9	영유아의 부정적 정서나 갈등적 상황을 잘 파악하여 긍정적으로 수용하고 적절하게 해결되도록 지도하였는가?					
10	영유아의 개별적 특성, 개인차를 고려하여 지도하였는가?					
11	영유아를 존중하는 언어를 사용하고, 영유아가 잘 알아들을 수 있도록 어휘, 발음, 음성의 고저, 빠르기 등에 노력을 기울였는가?					
12	보육실습일지의 내용과 평가 등을 성실히 기록하였는가?					
13	영유아의 안전, 위생, 건강에 각별히 신경을 썼는가?					
14	영유아의 낮잠, 간식, 점심, 배변활동, 이 닦기, 손 닦기, 옷 입기 등 일상생활이 영유아 스스로 즐겁게 할 수 있도록 지도하였는가?					
15	보육실의 통풍, 채광, 정리정돈 등 청결한 환경을 위해 노력하였는가?					
16	보육실습기관의 지도 방침에 적극 협력하였는가?					
17	보육실습 지도교사와의 관계를 원만히 유지하며 성실히 임했는가?					
18	보육실습 동료들과 잘 협력하였는가?					
19	영유아의 수준과 흥미에 적합한 활동을 계획하고 다양한 행동을 적절히 지도하고자 관련 문헌이나 전문 서적을 찾아보고자 노력하였는가?					
20	실습기간을 통해 보육교사로서의 전문성이 스스로 향상되었다고 여겨지는가?					
합 계		점				

반성적 저널에 의한 자기평가(II)

· 일　　　시 :
· 주　　　제 :
· 보 육 실 습 생 :
· 보육실습 지도교사 :

보육실습생의 저널기록	보육실습 지도교사의 평가

보육실습생에 대한 보육실습평가서

성　　명 :
생 년 월 일 :　　　년　　월　　일
보육실습기관명 :
보육실습기간 : 20　　년　　월　　일 ~ 20　　년　　월　　일

평가영역(배점)	평 가 항 목		배점	점수
근무태도와 자질 (20점)	근무사항	출석, 결석, 지각, 조퇴 등	5	
	태도	성실성, 근면성, 친절, 적극성, 복장 및 용모, 예절	5	
	자질	영유아 존중, 책임감, 인성, 열의	5	
	관계형성	실습지도교사와의 관계 동료실습생과의 관계	5	
보육활동 계획과 실행 (30점)	보육활동 계획	영역별, 반일(일일)보육활동계획의 적합성과 충실한 준비	15	
	보육활동 실행	영역별, 반일(일일)보육활동의 효과적이고 적절한 실행 정도	15	
보육실습생으로서 역할수행(30점)	영유아 행동 및 놀이 관찰, 보육환경 관찰		5	
	보육일과 진행 보조와 일상생활지도		10	
	영유아 상호작용과 놀이 참여		15	
보육실습일지 작성 (10점)	구체적이고 충실한 보육실습일지 작성과 일일자기평가 및 지도교사 평가 반영		10	
총평 (10점)	실습기간동안 보육실습생으로서 향상 정도		10	
총 점			100	

20　　년　　월　　일

보육실습 지도교사 :　　　　(인)

어린이집 원장 :　　　　(직인)

보육실습 결과보고서

1. 보육실습생 성명 :
2. 생 년 월 일 : 년 월 일
3. 보육실습 기관 :
4. 보육실습 기간 : 20 년 월 일부터 ~ 20 년 월 일까지(주간)
5. 실 습 내 용

제1주	제2주 ~ 제3주	제4주 ~ 제5주	제6주

6. 보육실습 평가

근무태도와 자질 (20점)	보육활동 계획과 실행 (30점)	보육실습생으로서 역할수행 (30점)	보육실습일지 작성 (10점)	총평 (10점)	총점 (100점)

20 년 월 일

________________어린이집 원장 (직인)

보육실습 방문지도 계획서

학 생 정 보					
성 명		학과		학번	
보육실습 기간	20 년 월 일 ~ 20 년 월 일 (연속 6주 240시간 이상)				
주 소	우편번호 : - 새 주 소 : 헌 주 소 :				
개인 연락처			이메일		

보육실습 기관정보			
보육실습 기관명 및 현황	어린이집 유 형 : 정 원 : 명 학급 수 : 평가인증 여부 : 예 ( ) 아니오 ( ) 진행 중 ( )	원 장	성 명 : 핸드폰 :
기관주소	우편번호 : - 새 주 소 : 헌 주 소 :		
전화번호		팩스	
보육실습 지도교사	성 명 : 보육교사 1급( ) 유치원정교사 1급( ) 핸드폰 :		

방문예정일자 : 20 년 월 일(오전, 오후) : ~ :

약 도

어린이집과 가까운 큰 건물명 :

어린이집 근처의 정류장명과 버스번호 :

어린이집 근처의 지하철역명 :

어린이집에 대한 인상과 느낌	
방문 소감	
보육실습 지도교사나 원장님과의 면담 내용	
보육실습생의 보육실습 과정 및 참여 태도	
보육실습 조건의 적합성	
어린이집의 요구 사항	
취업 상담	
기타	

보육실습기관 방문결과보고서

1. 보육실습기관 현황

기 관 명		반 수 / 교사 수	
전 화 번 호		주 소	
지 도 교 사 명		실 습 기 간	20 년 월 일~ 20 년 월 일 (총 일)

2. 방 문 일 자 : 20 년 월 일(오전, 오후) : ~ :

3. 보육실습생

이 름		학 번	
휴 대 전 화		주 소	

4. 면담내용 및 증빙자료
(방문내용 및 보육실습 지도교수, 보육실습생, 보육실습 지도교사가 함께 찍은 사진)

20 년 월 일

방 문 지 도 교 수 성명 : (인)

(2013. 3 .1. 이전 보육실습확인서 양식)

보육실습 확인서

1. 실습이수자 기본사항

이 름	주민등록번호	대학명	학과명	이수 교과목(학점)
	-			

2. 실습기관

실습기관명	시설 종류	주 소	연락처

3. 실습(보육실습) 지도교사

이 름	주민등록번호	자격 종류	자격번호
	-		

4. 실습기간

실습기간	20 년 월 일 ~ 20 년 월 일(주간)
실습시간	총 시간(매주 요일부터 ~ 요일까지, 1일 시간)

위 사람은 영유아보육법시행규칙 제12조 제1항에 의한 보육실습을 충실히 이수하였음을 확인합니다.

20 년 월 일

원 장 (직인)

학과장 (직인)

※ 첨부서류
1. 실습기관 시설인가증 사본 1부
2. 보육실습 지도교사 자격증 사본 1부

시설 종류 : 보육시설, 종일제 유치원 중 선택

자격 종류 : 보육교사 1급, 유치원 정교사 1급 중 선택
보육실습 지도교사가 보육교사 1급 자격증 소지자인 경우 자격증 사본 제출 불필요

(2013. 3. 1. 이후 보육실습확인서 양식)

보육실습 확인서

1. 실습 이수자 기본사항

이 름	주민등록번호	양성교육기관명
	-	

2. 실습기관

실습기관명		실습기관 보육정원	
기관종류		최초인가일	
주 소			
연락처			

3. 실습 지도교사

이 름	자격 종류	자격번호

4. 실습 기간

실습기간	20 년 월 일 ~ 20 년 월 일(주간)
실습시간	총 시간(매주 요일 ~ 요일까지, 오전 시 ~ 오후 시)

위 사람은 영유아보육법시행규칙 제12조 제1항에 의한 보육실습을 충실히 이수하였음을 확인합니다.

20 년 월 일

어린이집 원장 (서명 또는 인)

학과장 (서명 또는 인)

※ 첨부서류
1. 실습기관 시설인가증 사본 1부 2. 보육실습 지도교사 자격증 사본 1부

※ 「어린이집지원시스템」을 통하여 보육실습확인서를 출력한 경우 첨부서류를 제출하지 않아도 됨 (단, 유치원은 양성교육기관에서 양식제공)

※ 기관종류 : 어린이집, 교육과정과 방과 후 과정을 운영하는 유치원 중 선택
자격종류 : 보육교사 1급, 유치원 정교사 1급 중 선택

※ 어린이집지원시스템을 통한 보육실습확인서 미출력자나 보육실습확인서의 실습지도교사 부분이 출력되지 않은 출력자의 경우에는 반드시 실습기관과 양성기관에서 발행한 공문을 첨부하여야 한다.

[실습기관 발행 공문]

실습 지도교사 1인당 3명 이내의 보육실습생 지도 확인서류

○○○ 어린이집/유치원

수 신 ○○대학(교) 총장 또는 ○○대학(교) ○○과 학과장
/○○보육교사교육원장

경 유

제 목 실습 지도교사 1인당 3명 이내의 보육실습생 지도 확인서류

본 어린이집(유치원)에서는 아래의 보육실습 기간 동안 1인의 실습 지도교사가 3명 이내의 실습생을 지도하였음을 확인합니다.

1. 보육실습 기간 : 20 . . . ~ 20 . . .
2. 실습 지도교사 및 실습생

실습 지도교사	실습생	학교 및 학과

붙임 1. (증빙서류가 있는 경우 제출)

○○ 어린이집 원장/유치원장 직인

기안자직위 ○○○　　　검토자직위 ○○○　　　결재권자직위 ○○○
협조자

시행 처리과명-년도별 일련번호 (시행일) 접수 처리과명-년도별 일련번호 (시행일)
우　　　도로명 주소　　　/ 홈페이지 주소
전화번호(　　　)　팩스번호(　　　)　/ 전자우편주소

[대학(교)/보육교사교육원 발행 공문]

○○○ 대학(교)/보육교사교육원

수 신 (재)한국보육진흥원장(보육인력개발국장)
경 유
제 목 실습 지도교사 1인당 3명 이내의 보육실습생 지도 확인

본 ○○대학(교) ○○학과 졸업자 ○○○는 아래의 보육실습기간 동안 실습 지도교사에게 3명 이내의 실습생으로 실습을 지도받았음을 확인합니다.

1. 보육실습 기간 : 20 . . . ~ 20 . . .
2. 실습기관 : ○○○ 어린이집(유치원)
3. 실습생 생년월일 : 0000년 00월 00일

붙임 1. (실습기관 발행) 실습 지도교사 1인당 3명 이내의 보육실습생 지도 확인서류

○○대학(교) 총장 또는
○○대학(교) ○○과 학과장 직인
/보육교사교육원장 직인

기안자직위 ○○○ 검토자직위 ○○○ 결재권자직위 ○○○
협조자

시행 처리과명-년도별 일련번호 (시행일) 접수 처리과명-년도별 일련번호 (시행일)
우 도로명 주소 / 홈페이지 주소
전화번호( ) 팩스번호( ) / 전자우편주소

보육실습생 기록대장

(양성교육기관 보관용)

번호	보육실습생 성명 (학번)	보육실습기간 (실습시간)	보육실습기관명 / 연락처	실습기관 시설 유형 (보육 정원)	보육실습양성 기관명 / 연락처	보육실습 지도 교사명 (소지 자격증)	실습한 반	학년	보육실습생 생년월일	보육실습생 연락처	보육실습 점수	비고
			보육실습기관 주소		보육실습 양성기관 주소			보육실습생 주소				
1							만 세		–		80/100	
			주소 :		주소 :			주소 :				
2							만 세		–			
			주소 :		주소 :			주소 :				
3							만 세		–			
			주소 :		주소 :			주소 :				
4							만 세		–			
			주소 :		주소 :			주소 :				
5							만 세		–			
			주소 :		주소 :			주소 :				

보육실습생 기록대장

(보육실습기관 보관용)

번호	보육 실습생 성명 (학번)	보육 실습 기간 (실습 시간)	보육실습기관명 / 연락처	실습기관 시설 유형 (보육 정원)	보육실습양성 기관명 / 연락처	보육실습 지도 교사명 (소지 자격증)	실습한 반	학년	보육실습생 생년월일	보육실습생 연락처	보육 실습 점수	비고
			보육실습기관 주소		보육실습 양성기관 주소			보육실습생 주소				
1							만 세		–		80/100	
			주소 :		주소 :			주소 :				
2							만 세		–			
			주소 :		주소 :			주소 :				
3							만 세		–			
			주소 :		주소 :			주소 :				
4							만 세		–			
			주소 :		주소 :			주소 :				
5							만 세		–			
			주소 :		주소 :			주소 :				

※ 비고란에는 보육교사자격증 발급여부를 기록하거나, 자격증 번호를 기록할 수 있음.
또는 보육실습 시 특징적인 사항이나 사건을 기록할 수 있음.

■ 영유아보육법 시행규칙 [별지 제11호 서식] <개정 2011. 12. 8> <시행 2014. 3. 1>

(어린이집의 원장·보육교사) 자격증 발급신청서

접수번호	접수일	처리기간 14일

신청인	사진 (3cm×4cm)	성명	주민등록번호 -
		현재 근무 어린이집 명칭 어린이집	
		주소	
		전화번호(휴대전화)	전자우편

자격 종류	
	어린이집 원장 ( ) 일반 ( ) 40명 미만 ( ) 가정 ( ) 영아 전담 ( ) 장애아 전담 ( )
	보육교사 ( ) 1급 ( ) 2급 ( ) 3급

학력	부터	까지	최종학교명 (교육훈련 시설명)	전공 또는 부전공 학과목	학위등록번호 (수료증번호)
	. . .	. . .			
	. . .	. . .			

근무 경력	부터	까지	근무 어린이집 명칭	자격 구분(등급)	발령자
	. . .	. . .			
	. . .	. . .			
	. . .	. . .			
	. . .	. . .			
	. . .	. . .			

보수 교육	부터	까지	교육훈련기관	교육훈련 내용(직무교육, 승급교육)
	. . .	. . .		
	. . .	. . .		

영유아보육법」 제22조 및 「영유아보육법 시행규칙」 제18조 제1항에 따라 위와 같이 ([ ] 어린이집의 원장, [ ] 보육교사) 자격증 발급을 신청합니다.

년 월 일

신청인 (서명 또는 인)

귀하

첨부 서류	1. 공통: 사진(6개월 이내에 촬영한 탈모 정면 상반신 반명함판) 2장 2. 어린이집의 원장 자격증 발급신청자 : 자격증 사본, 경력증명서, 졸업증명서, 성적증명서, 사전직무교육 수료증 등 어린이집 원장의 자격을 증명할 수 있는 모든 서류 3. 보육교사 자격증 발급신청자 : 대학 또는 이와 같은 수준 이상의 학교의 졸업증명서·성적증명서 및 보육실습확인서(다만, 보육실습확인서는 1998년 3월 이후 졸업한 해당자만 한정합니다), 교육훈련시설 수료증(해당자만 첨부합니다), 보수교육 수료증(승급자만 해당합니다), 경력증명서 등 보육교사 자격을 증명하는 모든 서류	수수료 10,000원

■ 영유아보육법 시행규칙 [별지 제11호서식] <개정 2015.1.28.> <시행 2016. 8. 1>

[ ] 어린이집의 원장 [ ] 보육교사	자격증	[ ] 발급 [ ] 재발급	신청서

접수번호	접수일	처리기간 14일

<table>
<tr><td rowspan="3">신청인</td><td>성명</td><td>주민등록번호</td><td rowspan="5">사진
(3cm×4cm)</td></tr>
<tr><td colspan="2">주소</td></tr>
<tr><td>전화번호(휴대전화)</td><td>전자우편</td></tr>
<tr><td rowspan="2">자격
종류</td><td colspan="2">어린이집 원장
[ ] 일반 [ ] 40명 미만 [ ] 가정 [ ] 영아 전담 [ ] 장애아 전문</td></tr>
<tr><td colspan="2">보육교사
[ ] 1급 [ ] 2급 [ ] 3급</td></tr>
</table>

※ 학력, 근무경력 및 보수교육란은 발급 신청 시에만 작성합니다.

학력	부터	까지	최종학교명 (교육훈련시설명)	전공 또는 부전공 학과목	학위등록번호 (수료증번호)
	. . .	. . .			
	. . .	. . .			

근무 경력	부터	까지	근무 어린이집 명칭	자격 구분(등급)	발령자
	. . .	. . .			
	. . .	. . .			
	. . .	. . .			

보수 교육	부터	까지	교육훈련기관	교육훈련 내용(직무교육, 승급교육)
	. . .	. . .		
	. . .	. . .		

재발급 신청사유(재발급 신청 시에만 작성합니다)

「영유아보육법」 제22조 및 같은 법 시행규칙 제18조에 따라 위와 같이 ([ ] 어린이집의 원장, [ ] 보육교사) 자격증 (재)발급을 신청합니다.

년 월 일

신청인 (서명 또는 인)

귀하

<table>
<tr><td>발급
신청 시
첨부서류</td><td>1. 공통: 사진(6개월 이내에 촬영한 탈모 정면 상반신 반명함판) 1장
2. 어린이집의 원장 자격증 발급신청자: 자격증 사본, 경력증명서, 졸업증명서, 성적증명서, 사전직무교육 수료증 등 자격을 증명할 수 있는 서류
3. 보육교사 자격증 발급신청자: 대학 또는 이와 같은 수준 이상의 학교의 졸업증명서·성적증명서 및 보육실습확인서(다만, 보육실습확인서는 1998년 3월 이후 졸업한 해당자만 한정합니다), 교육훈련시설 수료증(해당자만 첨부합니다), 보수교육 수료증(승급자만 해당합니다), 경력증명서 등 자격을 증명할 수 있는 서류</td><td rowspan="2">수수료
10,000원</td></tr>
<tr><td>재발급
신청 시
첨부서류</td><td>1. 자격증(훼손된 경우만 해당합니다)
2. 사진(6개월 이내에 촬영한 탈모정면 상반신 반명함판) 1장</td></tr>
</table>

■ 보육인력 국가자격증(http://chrd.childcare.go.kr/) 자료실의 서식자료 참고

위임장

위임인 (자격증 신청인)	성 명(*)	
	생년월일(*)	
	연락처(핸드폰)(*)	

위 자격증 신청인은 아래의 위임받은 사람에게 보육교사 또는 어린이집원장 자격증 [수령 / 신청]에 관한 일체의 권리와 의무를 위임합니다.

※개인정보 수집 및 활용 동의서

[수집/이용 항목] 필수항목(*): 성명, 생년월일, 연락처
[수집/이용 목적] 보육교사, 어린이집 원장 자격증 교부
[이용 및 보유기간] 문서 보존기간까지
[동의거부 권리 및 불이익] 본 개인정보 수집에 대한 동의를 거부할 권리가 있으며, 동의거부에 따라 불이익(자격증 교부 불가)이 있을 수 있음.

☞상기내용에 대해 동의함□, 동의하지 않음□

년 월 일

위임하는 사람 (자격증 신청인) 서명 또는 (인)

수임인 (대리인)	성 명(*)	
	연락처(핸드폰)(*)	
	위임인과의 관계	

※ 수임인(위임받아 오시는 분)께서는 위임장과 함께 본인의 신분증(주민등록증, 운전면허증 등)을 제시하여야 하며, (재)한국보육진흥원 접수지원처에서는 정당한 대리인임을 확인하고 자격증 수령 및 신청여부를 결정합니다.

■ 영유아보육법 시행규칙 [별지 제12호의2서식] <개정 2015.12.31.> <시행 2016. 8. 1>

제 호

( )자 격 증

성 명:

생년월일:

자 격:

사진
(3cm×4cm)

위 사람은 「영유아보육법」 제22조에 따라 위와 같이 ( )의 자격이 있음을 인정하고 이 증서를 수여함.

년 월 일

보건복지부장관 직인

부록 3

보육실습 사후관리

1 보육실습 관련자료 보관

보육실습 양성교육기관에서는 보육실습과 관련하여 보육실습생 기록대장은 영구보존하고, 아래에 지시한 자료는 연도별로 5년 동안 보관한다(한국보육진흥원, 2013).

① 보육실습확인서 사본
② 보육실습기관 방문 결과보고서
③ 보육실습평가서
④ 보육실습비 영수증
⑤ 보육실습 동의서
⑥ 보육실습 지도교사 자격증 사본
⑦ 보육실습기관 인가증 또는 어린이집위탁계약증서 사본(보육실습 당시 계약일시가 명시되는 위탁계약증서)

2 보육실습생 기록대장

보육교사 양성교육기관은 보육실습과 관련된 세부사항을 보육실습생 기록대장에 정확히 기록하여 영구 보존한다, 보육실습생 기록대장에는 보육실습생의 개인정보가 수록되므로 양성교육기관은 특별히 유의하여 보관해야 한다(김명순 외 5인, 2013).

3 보육실습 자격증 신청

1 자격증 신청방법

보육시설 종사자 자격증은 개인 및 단체(대학 또는 보육교사교육원에 한함)로 신청 가능하며, 인터넷 신청을 원칙으로 하고, 방문을 통해서도 신청할 수 있다. 인터넷 신청 시 홈페이지의 개인정보 및 교부신청서의 내용수정은 '나의 자격증 신청진행현황'에서 인터넷 신청 완료단계까지만 가능하다. 자격증 신청과 관련된 모든 구비서류는 한국보육진흥원 보육인력 국가자격증(홈페이지 주소 참고)으로 등기로 발송해야 하며(등기번호 보관 요망), 자격증 신청 후 반드시 '나의 자격증 신청진행현황'을 통해 진행 상황을 확인한다.

- 한국보육진흥원 보육인력 국가자격증 홈페이지 주소 : http://chrd.childcare.go.kr
- 한국보육진흥원 보육인력 국가자격증 주소 :
  (140-710) 서울특별시 용산구 청파로 345 주연빌딩 5층
  (재)한국보육진흥원 보육인력개발국

2 자격증 개인 신청방법

개인별 해당 구비서류와 수수료를 준비한 후 다음 두 가지 방법(인터넷 / 방문) 중 하나를 선택하여 신청한다.

1) 인터넷 신청

- 한국보육진흥원 보육인력개발국 홈페이지에 회원가입 후 '자격증 신청' 페이지에서 신청(신규, 승급, 재교부)을 한 후 발급수수료(10,000원)를 납부하고 발급신청서와 구비서류는 별도로 등기우편으로 발송한다.
- 인터넷 신청자의 수수료 입금 중 가상계좌 결제는 반드시 개별로 부여되는 계좌번호로 기한 내 입금해야 한다(우편 신청의 입금계좌번호와 다름).

- 우편신청의 입금계좌로 입금할 경우 결제 확인이 되지 않거나 지연될 수 있다.
- 가상계좌로 입금하지 않고 한국보육진흥원 보육인력개발국 계좌로 입금을 하면 게시판 / 질의신청의 입금확인 메뉴에 결제 확인 글을 작성해야 발급 업무가 진행된다.

홈페이지 회원가입 및 로그인 → 자격증 신청(보육교사/보육시설장) → 수수료 입금(신용카드, 계좌이체, 가상계좌) →

발급신청서 출력 → 발급신청서 및 구비서류 등기우편 발송 → 신청진행현황 확인

2) 방문신청

- 한국보육진흥원 보육인력개발국 홈페이지 관련 서식의 보육교사 교부신청서(보육교사 재교부신청서)를 다운로드한 후 작성하고 개인별 구비서류와 발급수수료(10,000원)를 준비하여 한국보육진흥원 보육인력개발국으로 방문하여 접수한다.
- 방문신청 시 수수료는 현금만 가능하다.

교부신청서 다운로드 및 작성 → 구비서류 및 수수료 준비 → 한국보육진흥원 보육인력개발국 방문 →

자격증 신청(보육교사, 보육시설장) → 회원가입 후 신청진행 현황 확인

3 자격증 단체 신청방법

1) 자격증 단체 신청안내

구분	내용
정 의	• 보육인력개발국 홈페이지에서 단체 회원가입을 한 기관으로 5인 이상의 다수의 신청자가 단체기관을 통해 신청하는 방법.
대 상	• 보육교사교육원/대학(교) ○○학과. ※ 기관의 단체신청 담당자가 있어야 함.
신청방법	• 인터넷 신청(방문신청 불가) - 등기우편 또는 택배 가능.
신청진행 조회방법	• 단체신청 기관의 담당자가 단체회원 로그인을 한 후 나의 자격증 진형 현황에서 확인 가능. • 개별적으로 홈페이지 인터넷 개별회원 가입을 통해 나의 자격증 진행 현황에서 확인 가능. ※ 단체접수 담당자는 단체접수 이후 반드시 홈페이지의 나의 자격증 진행현황을 통해 진행현황을 확인하여야 함.
발송방법	단체신청 기관으로 일괄발송.
유의사항	• 단체신청은 반드시 단체명으로 회원가입을 해야 함. • 모든 신청자 정보는 실명으로 기재되어야 하며 허위 또는 오류 기재로 불이익이 발생할 경우 한국보육진흥원 보육인력개발국에서 책임질 수 없음. • 단체신청 내용수정은 결제완료 이전까지만 가능함. • 단체신청 구비서류는 접수리스트 순서대로 정리돼 있어야 하고, 서류가 뒤섞여 접수된 경우 발급이 지연될 수 있음. • 인터넷 단체접수절차 완료 후 공문과 단체신청자명단, 구비서류는 등기우편으로 제출해야 함.

2) 단체 인터넷 신청방법

홈페이지 회원가입 및 로그인 보육교사 교육원/대학구분 → 단체접수 기본정보작성 → 신청자 개별정보작성 → 신청자 개별사진등록 →

수수료 전자결제 → 접수완료 (단체신청자 접수리스트 출력) → 등기발송 (공문/단체접수리스트/구비서류)

① 홈페이지 회원가입 및 로그인

한국보육진흥원 보육인력개발국 홈페이지(http://chrd.childcare.go.kr)에서 단체 회원으로 가입하고 단체 정보를 입력합니다. 회원가입 시에는 단체의 종류(보육교사교육원 또는 대학)를 정확하게 선택하여 입력하셔야 합니다.

② 단체접수 기본정보작성

회원가입 시 작성한 정보를 확인한 후 신청단체의 졸업일자, 배송지 정보를 입력하고 다음 단계로 진행합니다. 단체접수의 경우 단체기관으로 일괄로 발송되므로 개별발송은 불가능합니다.

③ 신청자 개별정보작성

보육교사 자격증을 신청하는 신청자의 개별정보를 입력합니다. 신청자의 개별정보는 엑셀파일을 업로드하거나 직접 입력할 수 있습니다(이용안내 참고).

④ 신청자 개별사진등록

자격증 신청자의 사진을 등록합니다. 일괄 사진 등록 시, 최대 10명까지 한 번에 등록이 가능합니다(이용안내 참고).

⑤ 수수료 전자결제 단체접수 총 신청인원에 대한 자격증 발급수수료를 결제하셔야 합니다. 신용카드, 가상계좌, 실시간 계좌이체의 방법으로 전자결제를 하실 수 있으며, 결제 후에는 입력, 수정, 삭제가 불가능하니 입력된 정보를 다시 한 번 확인 후 결제처리를 하시기 바랍니다.

⑥ 접수완료(단체접수대장 출력) 결제를 완료한 후에는 단체접수대장(신청자 명단)을 출력하여 자격증 신청서류와 함께 제출하시기 바랍니다. 구비서류를 제출하실 때는 접수대장의 명단 순으로 개별서류를 정리하여 단체신청 요청 공문과 함께 등기 또는 택배로 보내 주시기 바랍니다.

4 자격증 신청을 위한 구비서류

1) 보육교사 1급

자격기준	구비서류
보육교사 2급 자격을 취득한 후 3년 이상의 보육업무 경력이 있는 사람으로서 보건복지부장관이 정하는 승급교육을 받은 사람	① 보육교사 2급 자격증 사본 ② 경력증명서 원본 ③ 승급교육 수료증명서 원본 또는 승급교육 수료증 사본 ④ 사진파일(인터넷 신청 시 사진등록) ⑤ 자격증 발급신청서(인터넷 신청 후 출력)
보육교사 2급 자격을 취득한 후 보육 관련 대학원에서 석사학위를 취득하고 1년 이상 보육업무 경력이 있는 사람으로서 보건복지부장관이 정하는 승급교육을 받은 사람	① 보육교사 2급 자격증 사본 ② 석사학위증명서 원본 ③ 경력증명서 원본 ④ 승급교육 수료증명서 원본 또는 승급교육 수료증 사본 ⑤ 사진파일(인터넷 신청 시 사진등록) ⑥ 자격증 발급신청서(인터넷 신청 후 출력)

※ **보육업무 경력**

가. 어린이집에서 어린이집의 원장, 보육교사, 특수교사 또는 치료사로 근무하거나 육아종합지원센터에서 육아종합지원센터의 장, 보육전문요원 또는 특수교사로 근무한 경력

나. 「유아교육법」에 따른 교육과정과 방과후 과정을 운영하는 유치원에서 원장, 원감, 수석교사, 또는 교사로 근무한 경력

* 유아교육법 제20조 규정에 따라 교원(원장, 원감, 수석교사, 교사)으로 근무한 경력만 해당되며, 같은 법 제23조에 의한 강사, 명예교사 등으로 근무한 경력은 해당하지 않음.
* 자격취득 및 승급을 위한 경력 개념으로, 호봉인정 근무경력과는 다른 개념임
* 「남녀고용평등과 일 · 가정 양립 지원에 관한 법률」에 따른 육아휴직 기간, 「근로기준법」 및 「산업재해보상보험법」에 따른 업무상 재해로 인한 병가기간(1개월 이상)은 보육교사 승급을 위한 경력기간에 산입하지 않음.

※ 보육관련 대학원

가. 학과(전공) 및 학위명에 '보육, (영)유아, 아동'의 단어가 포함된 대학원

나. 가의 경우가 해당되지 않을 경우 보육관련 교과목 이수기준으로 인정(보육관련 교과목 최소 15학점 이상 이수하고 석사 학위를 취득한 경우 인정)

2) 보육교사 2급

자격기준	구비서류
전문대학 또는 이와 같은 수준 이상의 학교에서 보건복지부령으로 정하는 보육 관련 교과목 및 학점을 이수하고 졸업한 사람	① 최종학교 졸업증명서 원본 ② 최종학교 성적증명서 원본 ③ 보육실습확인서 원본 ④ 사진파일(인터넷 신청 시 사진등록) ⑤ 자격증 발급신청서(인터넷 신청 후 출력)
보육교사 3급 자격을 취득한 후 2년 이상의 보육업무 경력이 있는 사람으로서 보건복지부장관이 정하는 승급교육을 받은 사람	① 보육교사 3급 자격증 사본 ② 보육업무 2년 이상 경력증명서 원본 ③ 승급교육 수료증명서 원본 또는 승급교육 수료증 사본 ④ 사진파일(인터넷 신청 시 사진등록) ⑤ 자격증 발급신청서(인터넷 신청 후 출력)

※ 학점은행제로 보육관련 교과목 및 학점(17과목 51학점-보육실습 포함)을 이수하여 학위를 취득하시는 경우 반드시 학위취득 이후에 보육교사 자격증을 신청해야 함

※ 전문대학 또는 이와 같은 수준 이상의 학교에서 보육관련 교과목과 학점 중 일부를 이수하고 전문학사학위 이상을 취득한 경우, 이후 대학(교) 또는 학점은행제에서 나머지 교과목과 학점을 이수하고 반드시 전문학사학위 이상을 다시 취득해야 함

※ 「어린이집지원시스템」을 통하여 보육실습확인서를 출력한 경우 첨부서류를 제출하지 않아도 됨(단, 유치원은 양성교육기관에서 양식 제공)

3) 보육교사 3급

자격기준	구비서류
고등학교 또는 이와 같은 수준 이상의 학교를 졸업한 사람으로서 보건복지부령으로 정하는 교육훈련시설에서 정해진 교육과정을 수료한 사람	① 최종학교 졸업증명서 원본 ② 교육훈련시설 수료증 원본 ③ 교육훈련시설 성적증명서 원본 ④ 보육실습확인서 원본 ⑤ 사진파일(인터넷 신청 시 사진등록) ⑥ 자격증 발급신청서(인터넷 신청 후 출력)

※ 「어린이집지원시스템」을 통하여 보육실습확인서를 출력한 경우 첨부서류를 제출하지 않아도 됨(단, 유치원은 양성교육기관에서 양식 제공)

편저자 소개

박은주

(현) 광주여자대학교 교양교직과정부 조교수

(현) 광주광역시 육아종합지원센터 평가인증컨설턴트 위원

박금희

(전) 충북대학교 생활과학대학 강사

(전) 광주여자대학교 송강원격평생교육원 운영교수

(전) 한국예술종합 평생교육원 아동교육학부 강사

오숙자

(전) 서영대학교 유아교육학과 겸임교수

(현) 해빛나유치원 원장

(현) 광주광역시 육아종합지원센터 평가인증조력위원/컨설턴트

우수희

(전) 동부산대학교 유아교육과 조교수

(현) 김해대학교 유아교육과 조교수

보육실습

초판 1쇄 인쇄 / 2016년 8월 29일

초판 1쇄 발행 / 2016년 9월 1일

●

공저자 / 박은주 · 박금희 · 오숙자 · 우수희

발행인 / 이 중 수

발행처 / 동 문 사

●

서울특별시 서대문구 홍제동 137-8

Tel : 02)736-3718(대), 736-3710, 3720

Fax : 02)736-3719

등록번호 : 제9-17호

가격 : 16,000원

(보육실습일지 포함)

●

ISBN : 978-89-8251-837-9(93370)

E-mail : dong736@naver.com

www.dongmunsa.com

학 교	
학 과	
학 번	
이 름	

Child Care Practice Diary

보육실습 일지

박은주·박금희·오숙자·우수희 공저

동 문 사

학 교	
학 과	
학 번	
이 름	

Child Care Practice Diary

보육실습 일지

박은주·박금희·오숙자·우수희 공저

동문사

20 년 학기

보 육 실 습 일 지

보육실습기관	기 관 명	어린이집	
	기관주소	(-)	
	연 락 처	전화	- -
		팩스	- -
		이메일	
	원 장		
	지도교사		
보육실습기간 및 시 간	20 년 월 일 ~ 20 년 월 일(주간) 총 시간(매주 요일 : 시 ~ 요일 : 시, 1일 시간)		
보육실습생	학 교	대학(교)	
	학 과	(학)과	
	학 번		
	이 름		
	연 락 처	- -	

머리말

취학 전 자녀를 둔 어머니의 취업활동이 많아짐에 따라, 어린이집의 이용이 점점 증가하면서 어린이집에 대한 관심이 높아지고 있다. 더불어 보육교사에 달린 질 높은 보육에 대한 요구도 많아지고 있다.

이러한 요구에 부응하기 위해서 대학과 보육교사 교육원에서는 보육교사 자격증 취득을 위한 교과과정을 운영하고 있는데, 그러한 교과과정 중에서 「보육실습」이라는 교과목을 어린이집이나 종일제 유치원에서 실습하도록 지도하여야 한다. 그리고 보육실습생들은 보육실습기간 중 보육실습일지를 작성해야 한다.

따라서 보육실습을 하면서 보육실습생들이 개별적으로 준비하여 보육실습일지를 작성하는 번거로움을 덜어 주고, 실제로 보육실습생들이 보육실습을 수행하는데 도움이 되고자 이 책을 발간하게 되었다.

부족한 부분은 차후에 수정・보완할 것이며, 『보육실습일지』 출간에 응해 주신 동문사 임직원 여러분께 깊은 감사를 드립니다.

2016년 8월

박은주・박금희・오숙자・우수희

차 례

보육실습생 신상소개서

학 교 (학과명)								사진 (3×4cm)
이 름	한 글		성별	남 · 여	종교		혈액형	
	한 자							
학 번			생년월일	년 월 일				

연락처		
	주 소	(-)
	메일주소	
	Home	- -
	핸드폰	- -

학 력	
	고등학교 년 월 일 졸업
	대학(교) (학)과 년 월 일 입학
	대학(교) (학)과 년 월 일 졸업

경 력				
	기관명		근무기간	년 월 ~ 년 월
	기관명		근무기간	년 월 ~ 년 월

취득(예정) 자 격 증	

가족사항	관계	성명	연 령	학력	직업

취 미		특 기		관심분야	

이 수 교과목 총 ( )개 과목			
	교사인성 영역 (2과목)		보육교사(인성)론 ( ) 아동권리와 복지 ( )
	보육 지식과 기술 영역 (9과목)	필수	보육학개론 ( ) 보육과정 ( ) 영유아 발달 ( ) 영유아 교수방법론 ( ) 놀이지도 ( ) 언어지도 ( ) 아동음악(또는 아동동작, 아동미술) ( ) 아동수학지도(또는 아동과학지도) ( ) 아동안전관리(또는 아동생활지도) ( )
	보육 지식과 기술 영역 (4과목이상)	선택	아동건강교육 ( ) 영유아 사회정서지도 ( ) 아동문학교육 ( ) 아동상담론 ( ) 장애아 지도 ( ) 특수아동 이해 ( ) 어린이집 운영 관리 ( ) 영유아 보육프로그램 개발과 평가 ( ) 보육정책론 ( ) 정신건강론 ( ) 인간행동과 사회환경 ( ) 아동간호학 ( ) 아동영양학 ( ) 부모교육론 ( ) 가족복지론 ( ) 가족관계론 ( ) 지역사회복지론 ( )
	보육 실무 영역 (2과목)		아동관찰 및 행동연구 ( ) 보육실습 ( )

기 타	

보육실습생 출근부

학교명 :	학과명 :	학번 :	이름 :
보육교사 교육원명 :			
보육실습 기관	어린이집 만 세 반	보육실습 지도교사 :	
보육실습 기간	20 . . . ~ 20 . . . (총 주간)		

구 분	월	화	수	목	금
보 육 실 습 생	㊞	㊞	㊞	㊞	㊞
보육실습 지도교사	㊞	㊞	㊞	㊞	㊞
날 짜	월 일 시 분부터 시 분까지	월 일 시 분부터 시 분까지	월 일 시 분부터 시 분까지	월 일 시 분부터 시 분까지	월 일 시 분부터 시 분까지
보 육 실 습 생	㊞	㊞	㊞	㊞	㊞
보육실습 지도교사	㊞	㊞	㊞	㊞	㊞
날 짜	월 일 시 분부터 시 분까지	월 일 시 분부터 시 분까지	월 일 시 분부터 시 분까지	월 일 시 분부터 시 분까지	월 일 시 분부터 시 분까지
보 육 실 습 생	㊞	㊞	㊞	㊞	㊞
보육실습 지도교사	㊞	㊞	㊞	㊞	㊞
날 짜	월 일 시 분부터 시 분까지	월 일 시 분부터 시 분까지	월 일 시 분부터 시 분까지	월 일 시 분부터 시 분까지	월 일 시 분부터 시 분까지
보 육 실 습 생	㊞	㊞	㊞	㊞	㊞
보육실습 지도교사	㊞	㊞	㊞	㊞	㊞
날 짜	월 일 시 분부터 시 분까지	월 일 시 분부터 시 분까지	월 일 시 분부터 시 분까지	월 일 시 분부터 시 분까지	월 일 시 분부터 시 분까지
보 육 실 습 생	㊞	㊞	㊞	㊞	㊞
보육실습 지도교사	㊞	㊞	㊞	㊞	㊞
날 짜	월 일 시 분부터 시 분까지	월 일 시 분부터 시 분까지	월 일 시 분부터 시 분까지	월 일 시 분부터 시 분까지	월 일 시 분부터 시 분까지
보 육 실 습 생	㊞	㊞	㊞	㊞	㊞
보육실습 지도교사	㊞	㊞	㊞	㊞	㊞
날 짜	월 일 시 분부터 시 분까지	월 일 시 분부터 시 분까지	월 일 시 분부터 시 분까지	월 일 시 분부터 시 분까지	월 일 시 분부터 시 분까지
보 육 실 습 생	㊞	㊞	㊞	㊞	㊞
보육실습 지도교사	㊞	㊞	㊞	㊞	㊞
날 짜	월 일 시 분부터 시 분까지	월 일 시 분부터 시 분까지	월 일 시 분부터 시 분까지	월 일 시 분부터 시 분까지	월 일 시 분부터 시 분까지

* 결석·지각·조퇴는 불가하며, 불가피할 경우 위의 기재된 보육실습기간 중 법적 이수 시간(240시간)을 채운다.

보육실습 계획

구 분 주	월	일	요일	활동·행사	보육실습 내용	중점 지도사항
제 1 주			월			
			화			
			수			
			목			
			금			
제 2 주			월			
			화			
			수			
			목			
			금			
제 3 주			월			
			화			
			수			
			목			
			금			
제 4 주			월			
			화			
			수			
			목			
			금			

구 분 / 주	월	일	요일	활동·행사	보육실습 내용	중점 지도사항
제 5 주			월			
			화			
			수			
			목			
			금			
제 6 주			월			
			화			
			수			
			목			
			금			
보 충 주			월			
			화			
			수			
			목			
			금			

보육기관 현황(1)

일반적 사항			
보육기관명		설립유형	
설립일		건물형태	

종사자 현황						
구분	성명	성별	연령(세)	출신학교	전공	경력
원 장						
교사 1						
교사 2						
교사 3						
교사 4						
교사 5						
교사 6						
교사 7						
영양사						
간호사						
사무원						
관리인						
기 타						

학습편성·보육형태 및 보육시간						
학급명	연령(세)	보육아동 수(명)		교사 수(명)	보육료(원)	비 고
		정원	현재원아 수			
반						
반						
반						
반						
반						
반						
반						
총 보육아동 수 : 정원 명 취원아동 : 명						

구 분	보육시간	
	평일	토요일
영 아 반	오전 : ~ 오후 :	오전 : ~ 오후 :
유 아 반	오전 : ~ 오후 :	오전 : ~ 오후 :

보육기관 현황(2)

보육기관의 환경 현황	
구 분	내 용
보육기관 주변 환경	
보육아동 거주지 · 등원방법	
가정의 경제적 수준 학부모의 특성	
지역사회와의 관계	

보육기관의 시설 및 설비 현황		
시설구분	수(개)	부대설비 · 수량
보육실		
실내놀이실		
사무실		
양호실		
조리실		
화장실 · 목욕실		
실외놀이터		
기타		

보육기관의 영역별 비품, 교재·교구 현황		
시설구분	비품, 교재 · 교구	관리상태
기본자료		
쌓기놀이영역		
역할놀이영역		
조작놀이영역		
미술영역		
음악영역		
과학영역		
수학영역		
언어영역		
컴퓨터영역		
목공놀이영역		
기타자료		

보육기관 현황(3)

보육기관 외관사진

보육기관 약도

보육기관 현황(4)

보육기관 건물배치도
대지　　　㎡ 건평　　　㎡

보육실 평면도(영역배치)
약　　　㎡
*실내 흥미영역 · 부수공간의 배치, 교구 · 교구장의 특징 기록

담당학급 원아현황

번호	이 름	성별	생년월일	출생 순위	형제 수		부모학력		부모직업		특이 사항
					남	여	부	모	부	모	
1											
2											
3											
4											
5											
6											
7											
8											
9											
10											
11											
12											
13											
14											
15											

번호	이 름	성별	생년월일	출생 순위	형제 수		부모학력		부모직업		특이 사항
					남	여	부	모	부	모	
16											
17											
18											
19											
20											
21											
22											
23											
24											
25											
26											
27											
28											
29											
30											

연간 · 월간 보육계획(　　　　　　반)

월	월간주제	주	주간주제	행사 · 특별활동
3		1		
		2		
		3		
		4		
		5		
4		1		
		2		
		3		
		4		
		5		
5		1		
		2		
		3		
		4		
		5		
6		1		
		2		
		3		
		4		
		5		

월	월간주제	주	주간주제	행사 · 특별활동
7		1		
		2		
		3		
		4		
		5		
8		1		
		2		
		3		
		4		
		5		
9		1		
		2		
		3		
		4		
		5		
10		1		
		2		
		3		
		4		
		5		

월	월간주제	주	주간주제	행사 · 특별활동
11		1		
		2		
		3		
		4		
		5		
12		1		
		2		
		3		
		4		
		5		
1		1		
		2		
		3		
		4		
		5		
2		1		
		2		
		3		
		4		
		5		

연간 안전교육 계획

월	생활주제	안전영역	안전지도 내용	안전관리 내용
3				
4				
5				
6				
7				
8				
9				
10				
11				
12				
1				
2				

연간 행사 및 부모교육 계획

월	일	요일	행사명	부모교육 내용	장소·준비물
3					
4					
5					
6					
7					
8					
9					
10					
11					
12					
1					
2					

연간 지역사회연계 계획

활동명	일시	관계기관	내 용	인원

주간 보육계획(실습 1주)

(　　)월 (　　)주 보육계획				
일	요일	주제	보육활동	자료·준비물
	월			
	화			
	수			
	목			
	금			

주간 급·간식 계획(실습 1주)

(　　)월 (　　)주 급·간식 계획				
일	요일	오전 간식	점심	오후 간식
	월			
	화			
	수			
	목			
	금			

일일 실습일지(실습 1주)

<table>
<tr><td colspan="2" rowspan="2">보육실습일지
(실습 제 일)</td><td rowspan="2">결재</td><td>보육실습생</td><td>지도교사</td><td>원장</td></tr>
<tr><td>㊞</td><td>㊞</td><td>㊞</td></tr>
<tr><td>반 명</td><td></td><td>일시</td><td colspan="3">20 년 월 일 요일</td></tr>
<tr><td>날 씨</td><td></td><td>결석 영유아</td><td colspan="3"></td></tr>
<tr><td>주 제</td><td colspan="5"></td></tr>
<tr><td>소주제</td><td colspan="5"></td></tr>
<tr><td>일일목표</td><td colspan="5"></td></tr>
<tr><td>시간 및 일과</td><td colspan="2">활동계획 및 실행</td><td colspan="3">평가 및 유의점</td></tr>
<tr><td></td><td colspan="2"></td><td colspan="3"></td></tr>
</table>

시간 및 일과	활동계획 및 실행	평가 및 유의점
원아행동 관찰·평가		
행사		
보육실습생 평가		
지도교사 조언 및 평가		
내일계획		
기타		

<table>
<tr><td colspan="2">보육실습일지
(실습 제 일)</td><td rowspan="2">결재</td><td>보육실습생</td><td>지도교사</td><td colspan="2">원장</td></tr>
<tr><td colspan="2"></td><td>㊞</td><td>㊞</td><td colspan="2">㊞</td></tr>
<tr><td>반 명</td><td></td><td colspan="2">일 시</td><td colspan="3">20 년 월 일 요일</td></tr>
<tr><td>날 씨</td><td></td><td colspan="2">결석 영유아</td><td colspan="3"></td></tr>
<tr><td>주 제</td><td colspan="6"></td></tr>
<tr><td>소주제</td><td colspan="6"></td></tr>
<tr><td>일일목표</td><td colspan="6"></td></tr>
<tr><td>시간 및 일과</td><td colspan="3">활동계획 및 실행</td><td colspan="3">평가 및 유의점</td></tr>
<tr><td></td><td colspan="3"></td><td colspan="3"></td></tr>
</table>

시간 및 일과	활동계획 및 실행	평가 및 유의점
원아행동 관찰·평가		
행사		
보육실습생 평가		
지도교사 조언 및 평가		
내일계획		
기타		

<table>
<tr><td colspan="2" rowspan="2">보육실습일지
(실습 제 일)</td><td rowspan="2">결재</td><td>보육실습생</td><td>지도교사</td><td>원장</td></tr>
<tr><td>㊞</td><td>㊞</td><td>㊞</td></tr>
<tr><td>반 명</td><td></td><td>일 시</td><td colspan="3">20 년 월 일 요일</td></tr>
<tr><td>날 씨</td><td></td><td>결석 영유아</td><td colspan="3"></td></tr>
<tr><td>주 제</td><td colspan="5"></td></tr>
<tr><td>소주제</td><td colspan="5"></td></tr>
<tr><td>일일목표</td><td colspan="5"></td></tr>
<tr><td>시간 및 일과</td><td colspan="2">활동계획 및 실행</td><td colspan="3">평가 및 유의점</td></tr>
<tr><td></td><td colspan="2"></td><td colspan="3"></td></tr>
</table>

시간 및 일과	활동계획 및 실행	평가 및 유의점
원아행동 관찰·평가		
행사		
보육실습생 평가		
지도교사 조언및평가		
내일계획		
기타		

<table>
<tr><td colspan="2" rowspan="2">보육실습일지
(실습 제 일)</td><td rowspan="2">결재</td><td>보육실습생</td><td>지도교사</td><td>원장</td></tr>
<tr><td>㊞</td><td>㊞</td><td>㊞</td></tr>
<tr><td>반 명</td><td></td><td>일 시</td><td colspan="3">20 년 월 일 요일</td></tr>
<tr><td>날 씨</td><td></td><td>결석 영유아</td><td colspan="3"></td></tr>
<tr><td>주 제</td><td colspan="5"></td></tr>
<tr><td>소주제</td><td colspan="5"></td></tr>
<tr><td>일일목표</td><td colspan="5"></td></tr>
</table>

시간 및 일과	활동계획 및 실행	평가 및 유의점

시간 및 일과	활동계획 및 실행	평가 및 유의점
원아행동 관찰·평가		
행사		
보육실습생 평가		
지도교사 조언및평가		
내일계획		
기타		

보육실습일지 (실습 제 일)		결재	보육실습생	지도교사	원장
			㊞	㊞	㊞
반 명		일 시	20 년 월 일 요일		
날 씨		결석 영유아			
주 제					
소주제					
일일목표					
시간 및 일과	활동계획 및 실행		평가 및 유의점		

시간 및 일과	활동계획 및 실행	평가 및 유의점
원아행동 관찰·평가		
행사		
보육실습생 평가		
지도교사 조언및평가		
내일계획		
기타		

주간 보육계획(실습 2주)

(　　)월 (　　)주 보육계획				
일	요일	주제	보육활동	자료·준비물
	월			
	화			
	수			
	목			
	금			

주간 급·간식 계획(실습 2주)

( )월 ( )주 급·간식 계획				
일	요일	오전 간식	점심	오후 간식
	월			
	화			
	수			
	목			
	금			

일일 실습일지(실습 2주)

<table>
<tr><td colspan="2" rowspan="2">보육실습일지
(실습 제 일)</td><td rowspan="2">결재</td><td>보육실습생</td><td>지도교사</td><td>원장</td></tr>
<tr><td>㊞</td><td>㊞</td><td>㊞</td></tr>
<tr><td>반 명</td><td></td><td>일 시</td><td colspan="3">20 년 월 일 요일</td></tr>
<tr><td>날 씨</td><td></td><td>결석 영유아</td><td colspan="3"></td></tr>
<tr><td>주 제</td><td colspan="5"></td></tr>
<tr><td>소주제</td><td colspan="5"></td></tr>
<tr><td>일일목표</td><td colspan="5"></td></tr>
<tr><td>시간 및 일과</td><td colspan="2">활동계획 및 실행</td><td colspan="3">평가 및 유의점</td></tr>
<tr><td></td><td colspan="2"></td><td colspan="3"></td></tr>
</table>

시간 및 일과	활동계획 및 실행	평가 및 유의점

원아행동 관찰·평가	
행사	
보육실습생 평가	
지도교사 조언및평가	
내일계획	
기타	

보육실습일지 (실습 제 일)	결재	보육실습생	지도교사	원장
		㊞	㊞	㊞

반 명		일 시	20 년 월 일 요일
날 씨		결석 영유아	
주 제			
소주제			
일일목표			

시간 및 일과	활동계획 및 실행	평가 및 유의점

시간 및 일과	활동계획 및 실행	평가 및 유의점
원아행동 관찰·평가		
행사		
보육실습생 평가		
지도교사 조언 및 평가		
내일계획		
기타		

<table>
<tr><td colspan="2" rowspan="2">보육실습일지
(실습 제 일)</td><td rowspan="2">결재</td><td>보육실습생</td><td>지도교사</td><td>원장</td></tr>
<tr><td>㊞</td><td>㊞</td><td>㊞</td></tr>
<tr><td>반 명</td><td></td><td>일 시</td><td colspan="3">20 년 월 일 요일</td></tr>
<tr><td>날 씨</td><td></td><td>결석 영유아</td><td colspan="3"></td></tr>
<tr><td>주 제</td><td colspan="5"></td></tr>
<tr><td>소주제</td><td colspan="5"></td></tr>
<tr><td>일일목표</td><td colspan="5"></td></tr>
<tr><td>시간 및 일과</td><td colspan="2">활동계획 및 실행</td><td colspan="3">평가 및 유의점</td></tr>
<tr><td></td><td colspan="2"></td><td colspan="3"></td></tr>
</table>

시간 및 일과	활동계획 및 실행	평가 및 유의점
원아행동 관찰·평가		
행사		
보육실습생 평가		
지도교사 조언및평가		
내일계획		
기타		

<table>
<tr><td colspan="2" rowspan="2">보육실습일지
(실습 제 일)</td><td rowspan="2">결재</td><td>보육실습생</td><td>지도교사</td><td>원장</td></tr>
<tr><td>㊞</td><td>㊞</td><td>㊞</td></tr>
<tr><td>반 명</td><td></td><td>일 시</td><td colspan="3">20 년 월 일 요일</td></tr>
<tr><td>날 씨</td><td></td><td>결석 영유아</td><td colspan="3"></td></tr>
<tr><td>주 제</td><td colspan="5"></td></tr>
<tr><td>소주제</td><td colspan="5"></td></tr>
<tr><td>일일목표</td><td colspan="5"></td></tr>
<tr><td>시간 및 일과</td><td colspan="2">활동계획 및 실행</td><td colspan="3">평가 및 유의점</td></tr>
<tr><td></td><td colspan="2"></td><td colspan="3"></td></tr>
</table>

시간 및 일과	활동계획 및 실행	평가 및 유의점
원아행동 관찰·평가		
행사		
보육실습생 평가		
지도교사 조언및평가		
내일계획		
기타		

보육실습일지 (실습 제 일)	결재	보육실습생	지도교사	원장
		㊞	㊞	㊞

반 명		일 시	20 년 월 일 요일
날 씨		결석 영유아	
주 제			
소주제			
일일목표			

시간 및 일과	활동계획 및 실행	평가 및 유의점

시간 및 일과	활동계획 및 실행	평가 및 유의점
원아행동 관찰·평가		
행사		
보육실습생 평가		
지도교사 조언및평가		
내일계획		
기타		

주간 보육계획(실습 3주)

(　　)월 (　　)주 보육계획				
일	요일	주제	보육활동	자료·준비물
	월			
	화			
	수			
	목			
	금			

주간 급·간식 계획(실습 3주)

(　　)월 (　　)주 급·간식 계획				
일	요일	오전 간식	점심	오후 간식
	월			
	화			
	수			
	목			
	금			

일일 실습일지(실습 3주)

보육실습일지 (실습 제 일)	결재	보육실습생	지도교사	원장
		㊞	㊞	㊞

반 명		일 시	20 년 월 일 요일
날 씨		결석 영유아	
주 제			
소주제			
일일목표			

시간 및 일과	활동계획 및 실행	평가 및 유의점

시간 및 일과	활동계획 및 실행	평가 및 유의점
원아행동 관찰·평가		
행사		
보육실습생 평가		
지도교사 조언및평가		
내일계획		
기타		

보육실습일지 (실습 제 일)	결재	보육실습생	지도교사	원장
		印	印	印

반 명		일 시	20 년 월 일 요일
날 씨		결석 영유아	
주 제			
소주제			
일일목표			

시간 및 일과	활동계획 및 실행	평가 및 유의점

시간 및 일과	활동계획 및 실행	평가 및 유의점
원 아 행 동 관 찰 · 평 가		
행 사		
보 육 실 습 생 평 가		
지 도 교 사 조 언 및 평 가		
내 일 계 획		
기 타		

<table>
<tr><td colspan="2" rowspan="2">보육실습일지
(실습 제 일)</td><td rowspan="2">결재</td><td>보육실습생</td><td>지도교사</td><td>원장</td></tr>
<tr><td>㊞</td><td>㊞</td><td>㊞</td></tr>
<tr><td>반 명</td><td></td><td>일 시</td><td colspan="3">20 년 월 일 요일</td></tr>
<tr><td>날 씨</td><td></td><td>결석 영유아</td><td colspan="3"></td></tr>
<tr><td>주 제</td><td colspan="5"></td></tr>
<tr><td>소주제</td><td colspan="5"></td></tr>
<tr><td>일일목표</td><td colspan="5"></td></tr>
<tr><td>시간 및 일과</td><td colspan="2">활동계획 및 실행</td><td colspan="3">평가 및 유의점</td></tr>
<tr><td></td><td colspan="2"></td><td colspan="3"></td></tr>
</table>

시간 및 일과	활동계획 및 실행	평가 및 유의점
원아행동 관찰·평가		
행사		
보육실습생 평가		
지도교사 조언 및 평가		
내일계획		
기타		

<table>
<tr><td colspan="2" rowspan="2">보육실습일지
(실습 제 일)</td><td rowspan="2">결재</td><td>보육실습생</td><td>지도교사</td><td>원장</td></tr>
<tr><td>㊞</td><td>㊞</td><td>㊞</td></tr>
<tr><td>반 명</td><td></td><td>일 시</td><td colspan="3">20 년 월 일 요일</td></tr>
<tr><td>날 씨</td><td></td><td>결석 영유아</td><td colspan="3"></td></tr>
<tr><td>주 제</td><td colspan="5"></td></tr>
<tr><td>소주제</td><td colspan="5"></td></tr>
<tr><td>일일목표</td><td colspan="5"></td></tr>
<tr><td>시간 및 일과</td><td colspan="3">활동계획 및 실행</td><td colspan="2">평가 및 유의점</td></tr>
<tr><td></td><td colspan="3"></td><td colspan="2"></td></tr>
</table>

시간 및 일과	활동계획 및 실행	평가 및 유의점
원아 행동 관찰·평가		
행사		
보육실습생 평가		
지도교사 조언및평가		
내일계획		
기타		

<table>
<tr><td colspan="2" rowspan="2">보육실습일지
(실습 제 일)</td><td rowspan="2">결재</td><td>보육실습생</td><td>지도교사</td><td>원장</td></tr>
<tr><td>㊞</td><td>㊞</td><td>㊞</td></tr>
<tr><td>반 명</td><td></td><td>일 시</td><td colspan="3">20 년 월 일 요일</td></tr>
<tr><td>날 씨</td><td></td><td>결석 영유아</td><td colspan="3"></td></tr>
<tr><td>주 제</td><td colspan="5"></td></tr>
<tr><td>소주제</td><td colspan="5"></td></tr>
<tr><td>일일목표</td><td colspan="5"></td></tr>
<tr><td>시간 및 일과</td><td colspan="2">활동계획 및 실행</td><td colspan="3">평가 및 유의점</td></tr>
<tr><td></td><td colspan="2"></td><td colspan="3"></td></tr>
</table>

시간 및 일과	활동계획 및 실행	평가 및 유의점
원아행동 관찰·평가		
행사		
보육실습생 평가		
지도교사 조언및평가		
내일계획		
기타		

주간 보육계획(실습 4주)

(　　)월 (　　)주 보육계획				
일	요일	주제	보육활동	자료·준비물
	월			
	화			
	수			
	목			
	금			

주간 급·간식 계획(실습 4주)

(　　)월 (　　)주 급·간식 계획				
일	요일	오전 간식	점심	오후 간식
	월			
	화			
	수			
	목			
	금			

일일 실습일지(실습 4주)

보육실습일지 (실습 제 일)	결재	보육실습생	지도교사	원장
		㊞	㊞	㊞

반 명		일 시	20 년 월 일 요일
날 씨		결석 영유아	
주 제			
소주제			
일일목표			

시간 및 일과	활동계획 및 실행	평가 및 유의점

시간 및 일과	활동계획 및 실행	평가 및 유의점
원아행동 관찰·평가		
행사		
보육실습생 평가		
지도교사 조언및평가		
내일계획		
기타		

<table>
<tr><td colspan="2" rowspan="2">보육실습일지
(실습 제 일)</td><td rowspan="2">결재</td><td>보육실습생</td><td>지도교사</td><td>원장</td></tr>
<tr><td>㊞</td><td>㊞</td><td>㊞</td></tr>
<tr><td>반 명</td><td></td><td>일 시</td><td colspan="3">20 년 월 일 요일</td></tr>
<tr><td>날 씨</td><td></td><td>결석 영유아</td><td colspan="3"></td></tr>
<tr><td>주 제</td><td colspan="5"></td></tr>
<tr><td>소주제</td><td colspan="5"></td></tr>
<tr><td>일일목표</td><td colspan="5"></td></tr>
<tr><td>시간 및 일과</td><td colspan="2">활동계획 및 실행</td><td colspan="3">평가 및 유의점</td></tr>
<tr><td></td><td colspan="2"></td><td colspan="3"></td></tr>
</table>

시간 및 일과	활동계획 및 실행	평가 및 유의점
원아행동 관찰·평가		
행사		
보육실습생 평가		
지도교사 조언및평가		
내일계획		
기타		

보육실습일지 (실습 제 일)	결재	보육실습생	지도교사	원장
		㊞	㊞	㊞

반 명		일 시	20 년 월 일 요일
날 씨		결석 영유아	

주 제	
소주제	
일일목표	

시간 및 일과	활동계획 및 실행	평가 및 유의점

시간 및 일과	활동계획 및 실행	평가 및 유의점
원아행동 관찰·평가		
행사		
보육실습생 평가		
지도교사 조언 및 평가		
내일계획		
기타		

<table>
<tr><td colspan="2">보육실습일지
(실습 제 일)</td><td rowspan="2">결재</td><td>보육실습생</td><td>지도교사</td><td>원장</td></tr>
<tr><td colspan="2"></td><td>㊞</td><td>㊞</td><td>㊞</td></tr>
<tr><td>반 명</td><td></td><td>일 시</td><td colspan="3">20 년 월 일 요일</td></tr>
<tr><td>날 씨</td><td></td><td>결석 영유아</td><td colspan="3"></td></tr>
<tr><td>주 제</td><td colspan="5"></td></tr>
<tr><td>소주제</td><td colspan="5"></td></tr>
<tr><td>일일목표</td><td colspan="5"></td></tr>
</table>

시간 및 일과	활동계획 및 실행	평가 및 유의점

시간 및 일과	활동계획 및 실행	평가 및 유의점
원아행동 관찰·평가		
행사		
보육실습생 평가		
지도교사 조언 및 평가		
내일계획		
기타		

보육실습일지 (실습 제 일)	결재	보육실습생	지도교사	원장
		㊞	㊞	㊞

반 명		일 시	20 년 월 일 요일
날 씨		결석 영유아	
주 제			
소주제			
일일목표			

시간 및 일과	활동계획 및 실행	평가 및 유의점

시간 및 일과	활동계획 및 실행	평가 및 유의점
원아행동 관찰·평가		
행사		
보육실습생 평가		
지도교사 조언 및 평가		
내일계획		
기타		

주간 보육계획(실습 5주)

( )월 ( )주 보육계획				
일	요일	주제	보육활동	자료·준비물
	월			
	화			
	수			
	목			
	금			

주간 급·간식 계획(실습 5주)

(　　)월 (　　)주 급·간식 계획				
일	요일	오전 간식	점심	오후 간식
	월			
	화			
	수			
	목			
	금			

일일 실습일지(실습 5주)

보육실습일지 (실습 제 일)	결재	보육실습생	지도교사	원장
		㊞	㊞	㊞

반 명		일 시	20 년 월 일 요일
날 씨		결석 영유아	

주 제	
소주제	
일일목표	

시간 및 일과	활동계획 및 실행	평가 및 유의점

시간 및 일과	활동계획 및 실행	평가 및 유의점
원아행동 관찰·평가		
행사		
보육실습생 평가		
지도교사 조언및평가		
내일계획		
기타		

<table>
<tr><td colspan="2" rowspan="2">보육실습일지
(실습 제 일)</td><td rowspan="2">결재</td><td>보육실습생</td><td>지도교사</td><td>원장</td></tr>
<tr><td>㊞</td><td>㊞</td><td>㊞</td></tr>
<tr><td>반 명</td><td></td><td>일 시</td><td colspan="3">20 년 월 일 요일</td></tr>
<tr><td>날 씨</td><td></td><td>결석 영유아</td><td colspan="3"></td></tr>
<tr><td>주 제</td><td colspan="5"></td></tr>
<tr><td>소주제</td><td colspan="5"></td></tr>
<tr><td>일일목표</td><td colspan="5"></td></tr>
<tr><td>시간 및 일과</td><td colspan="2">활동계획 및 실행</td><td colspan="3">평가 및 유의점</td></tr>
<tr><td></td><td colspan="2"></td><td colspan="3"></td></tr>
</table>

시간 및 일과	활동계획 및 실행	평가 및 유의점
원아행동 관찰·평가		
행사		
보육실습생 평가		
지도교사 조언및평가		
내일계획		
기타		

보육실습일지 (실습 제 일)	결재	보육실습생	지도교사	원장
		㊞	㊞	㊞

반 명		일 시	20 년 월 일 요일
날 씨		결석 영유아	
주 제			
소주제			
일일목표			

시간 및 일과	활동계획 및 실행	평가 및 유의점

시간 및 일과	활동계획 및 실행	평가 및 유의점
원아행동 관찰·평가		
행사		
보육실습생 평가		
지도교사 조언및평가		
내일계획		
기타		

<table>
<tr><td rowspan="2">보육실습일지
(실습 제 일)</td><td rowspan="2">결재</td><td>보육실습생</td><td>지도교사</td><td>원장</td></tr>
<tr><td>㊞</td><td>㊞</td><td>㊞</td></tr>
</table>

<table>
<tr><td>반 명</td><td></td><td>일 시</td><td>20 년 월 일 요일</td></tr>
<tr><td>날 씨</td><td></td><td>결석 영유아</td><td></td></tr>
<tr><td>주 제</td><td colspan="3"></td></tr>
<tr><td>소주제</td><td colspan="3"></td></tr>
<tr><td>일일목표</td><td colspan="3"></td></tr>
</table>

시간 및 일과	활동계획 및 실행	평가 및 유의점

시간 및 일과	활동계획 및 실행	평가 및 유의점
원아행동 관찰·평가		
행사		
보육실습생 평가		
지도교사 조언및평가		
내일계획		
기타		

<table>
<tr><td colspan="2">보육실습일지
(실습 제 일)</td><td rowspan="2">결재</td><td>보육실습생</td><td>지도교사</td><td>원장</td></tr>
<tr><td colspan="2"></td><td>㊞</td><td>㊞</td><td>㊞</td></tr>
<tr><td>반 명</td><td></td><td>일 시</td><td colspan="3">20 년 월 일 요일</td></tr>
<tr><td>날 씨</td><td></td><td>결석 영유아</td><td colspan="3"></td></tr>
<tr><td>주 제</td><td colspan="5"></td></tr>
<tr><td>소주제</td><td colspan="5"></td></tr>
<tr><td>일일목표</td><td colspan="5"></td></tr>
<tr><td>시간 및 일과</td><td colspan="2">활동계획 및 실행</td><td colspan="3">평가 및 유의점</td></tr>
<tr><td></td><td colspan="2"></td><td colspan="3"></td></tr>
</table>

시간 및 일과	활동계획 및 실행	평가 및 유의점
원아행동 관찰·평가		
행사		
보육실습생 평가		
지도교사 조언및평가		
내일계획		
기타		

주간 보육계획(실습 6주)

(　　)월 (　　)주 보육계획				
일	요일	주제	보육활동	자료·준비물
	월			
	화			
	수			
	목			
	금			

주간 급·간식 계획(실습 6주)

(　　)월 (　　)주 급·간식 계획				
일	요일	오전 간식	점심	오후 간식
	월			
	화			
	수			
	목			
	금			

일일 실습일지(실습 6주)

<table>
<tr><td colspan="2" rowspan="2">보육실습일지
(실습 제 일)</td><td rowspan="2">결재</td><td>보육실습생</td><td>지도교사</td><td>원장</td></tr>
<tr><td>㊞</td><td>㊞</td><td>㊞</td></tr>
<tr><td>반 명</td><td></td><td>일 시</td><td colspan="3">20 년 월 일 요일</td></tr>
<tr><td>날 씨</td><td></td><td>결석 영유아</td><td colspan="3"></td></tr>
<tr><td>주 제</td><td colspan="5"></td></tr>
<tr><td>소주제</td><td colspan="5"></td></tr>
<tr><td>일일목표</td><td colspan="5"></td></tr>
<tr><td>시간 및 일과</td><td colspan="2">활동계획 및 실행</td><td colspan="3">평가 및 유의점</td></tr>
<tr><td></td><td colspan="2"></td><td colspan="3"></td></tr>
</table>

시간 및 일과	활동계획 및 실행	평가 및 유의점

원아행동 관찰·평가	
행사	
보육실습생 평가	
지도교사 조언및평가	
내일계획	
기타	

<table>
<tr><td colspan="2" rowspan="2">보육실습일지
(실습 제 일)</td><td rowspan="2">결재</td><td>보육실습생</td><td>지도교사</td><td>원장</td></tr>
<tr><td>㊞</td><td>㊞</td><td>㊞</td></tr>
<tr><td>반 명</td><td></td><td>일 시</td><td colspan="3">20 년 월 일 요일</td></tr>
<tr><td>날 씨</td><td></td><td>결석 영유아</td><td colspan="3"></td></tr>
<tr><td>주 제</td><td colspan="5"></td></tr>
<tr><td>소주제</td><td colspan="5"></td></tr>
<tr><td>일일목표</td><td colspan="5"></td></tr>
<tr><td>시간 및 일과</td><td colspan="2">활동계획 및 실행</td><td colspan="3">평가 및 유의점</td></tr>
<tr><td></td><td colspan="2"></td><td colspan="3"></td></tr>
</table>

시간 및 일과	활동계획 및 실행	평가 및 유의점

원아행동 관찰·평가	
행사	
보육실습생 평가	
지도교사 조언 및 평가	
내일계획	
기타	

보육실습일지 (실습 제 일)	결재	보육실습생	지도교사	원장
		㊞	㊞	㊞

반 명		일 시	20 년 월 일 요일
날 씨		결석 영유아	
주 제			
소주제			
일일목표			

시간 및 일과	활동계획 및 실행	평가 및 유의점

시간 및 일과	활동계획 및 실행	평가 및 유의점

원아행동 관찰·평가	
행사	
보육실습생 평가	
지도교사 조언및평가	
내일계획	
기타	

<table>
<tr><td colspan="2" rowspan="2">보육실습일지
(실습 제 일)</td><td rowspan="2">결재</td><td>보육실습생</td><td>지도교사</td><td>원장</td></tr>
<tr><td>㊞</td><td>㊞</td><td>㊞</td></tr>
<tr><td>반 명</td><td></td><td>일 시</td><td colspan="3">20 년 월 일 요일</td></tr>
<tr><td>날 씨</td><td></td><td>결석 영유아</td><td colspan="3"></td></tr>
<tr><td>주 제</td><td colspan="5"></td></tr>
<tr><td>소주제</td><td colspan="5"></td></tr>
<tr><td>일일목표</td><td colspan="5"></td></tr>
<tr><td>시간 및 일과</td><td colspan="2">활동계획 및 실행</td><td colspan="3">평가 및 유의점</td></tr>
<tr><td></td><td colspan="2"></td><td colspan="3"></td></tr>
</table>

시간 및 일과	활동계획 및 실행	평가 및 유의점
원아행동 관찰·평가		
행사		
보육실습생 평가		
지도교사 조언및평가		
내일계획		
기타		

보육실습일지 (실습 제 일)	결재	보육실습생	지도교사	원장
		㊞	㊞	㊞

반 명		일 시	20 년 월 일 요일
날 씨		결석 영유아	
주 제			
소주제			
일일목표			

시간 및 일과	활동계획 및 실행	평가 및 유의점

시간 및 일과	활동계획 및 실행	평가 및 유의점
원아행동 관찰·평가		
행사		
보육실습생 평가		
지도교사 조언및평가		
내일계획		
기타		

주간 보육계획(실습 보충 주)

(　　)월 (　　)주 보육계획				
일	요일	주제	보육활동	자료·준비물
	월			
	화			
	수			
	목			
	금			

주간 급·간식 계획(실습 보충 주)

(　　)월 (　　)주 급·간식 계획				
일	요일	오전 간식	점심	오후 간식
	월			
	화			
	수			
	목			
	금			

일일 실습일지(실습 보충 주)

<table>
<tr><td colspan="2" rowspan="2">보육실습일지
(실습 제 일)</td><td rowspan="2">결재</td><td>보육실습생</td><td>지도교사</td><td>원장</td></tr>
<tr><td>㊞</td><td>㊞</td><td>㊞</td></tr>
<tr><td>반 명</td><td></td><td>일 시</td><td colspan="3">20 년 월 일 요일</td></tr>
<tr><td>날 씨</td><td></td><td>결석 영유아</td><td colspan="3"></td></tr>
<tr><td>주 제</td><td colspan="5"></td></tr>
<tr><td>소주제</td><td colspan="5"></td></tr>
<tr><td>일일목표</td><td colspan="5"></td></tr>
</table>

시간 및 일과	활동계획 및 실행	평가 및 유의점

시간 및 일과	활동계획 및 실행	평가 및 유의점
원아행동 관찰·평가		
행사		
보육실습생 평가		
지도교사 조언및평가		
내일계획		
기타		

<table>
<tr><td colspan="2" rowspan="2">보육실습일지
(실습 제 일)</td><td rowspan="2">결재</td><td>보육실습생</td><td>지도교사</td><td>원장</td></tr>
<tr><td>㊞</td><td>㊞</td><td>㊞</td></tr>
<tr><td>반 명</td><td></td><td>일 시</td><td colspan="3">20 년 월 일 요일</td></tr>
<tr><td>날 씨</td><td></td><td>결석 영유아</td><td colspan="3"></td></tr>
<tr><td>주 제</td><td colspan="5"></td></tr>
<tr><td>소주제</td><td colspan="5"></td></tr>
<tr><td>일일목표</td><td colspan="5"></td></tr>
<tr><td>시간 및 일과</td><td colspan="2">활동계획 및 실행</td><td colspan="3">평가 및 유의점</td></tr>
<tr><td></td><td colspan="2"></td><td colspan="3"></td></tr>
</table>

시간 및 일과	활동계획 및 실행	평가 및 유의점
원아행동 관찰·평가		
행사		
보육실습생 평가		
지도교사 조언및평가		
내일계획		
기타		

보육실습일지 (실습 제 일)	결재	보육실습생	지도교사	원장
		㊞	㊞	㊞

반 명		일 시	20 년 월 일 요일
날 씨		결석 영유아	
주 제			
소주제			
일일목표			

시간 및 일과	활동계획 및 실행	평가 및 유의점

시간 및 일과	활동계획 및 실행	평가 및 유의점

원아행동 관찰·평가	
행사	
보육실습생 평가	
지도교사 조언및평가	
내일계획	
기타	

<table>
<tr><td colspan="2" rowspan="2">**보육실습일지**
(실습 제 일)</td><td rowspan="2">결재</td><td>보육실습생</td><td>지도교사</td><td>원장</td></tr>
<tr><td>㊞</td><td>㊞</td><td>㊞</td></tr>
<tr><td>반 명</td><td></td><td>일 시</td><td colspan="3">20 년 월 일 요일</td></tr>
<tr><td>날 씨</td><td></td><td>결석 영유아</td><td colspan="3"></td></tr>
<tr><td>주 제</td><td colspan="5"></td></tr>
<tr><td>소주제</td><td colspan="5"></td></tr>
<tr><td>일일목표</td><td colspan="5"></td></tr>
<tr><td>시간 및 일과</td><td colspan="2">활동계획 및 실행</td><td colspan="3">평가 및 유의점</td></tr>
<tr><td></td><td colspan="2"></td><td colspan="3"></td></tr>
</table>

시간 및 일과	활동계획 및 실행	평가 및 유의점
원아행동 관찰·평가		
행사		
보육실습생 평가		
지도교사 조언 및 평가		
내일계획		
기타		

<table>
<tr><td colspan="2" rowspan="2">보육실습일지
(실습 제 일)</td><td rowspan="2">결재</td><td>보육실습생</td><td>지도교사</td><td>원장</td></tr>
<tr><td>㊞</td><td>㊞</td><td>㊞</td></tr>
<tr><td>반 명</td><td></td><td>일 시</td><td colspan="3">20 년 월 일 요일</td></tr>
<tr><td>날 씨</td><td></td><td>결석 영유아</td><td colspan="3"></td></tr>
<tr><td>주 제</td><td colspan="5"></td></tr>
<tr><td>소주제</td><td colspan="5"></td></tr>
<tr><td>일일목표</td><td colspan="5"></td></tr>
<tr><td>시간 및 일과</td><td colspan="2">활동계획 및 실행</td><td colspan="3">평가 및 유의점</td></tr>
<tr><td></td><td colspan="2"></td><td colspan="3"></td></tr>
</table>

시간 및 일과	활동계획 및 실행	평가 및 유의점
원아행동 관찰·평가		
행사		
보육실습생 평가		
지도교사 조언 및 평가		
내일계획		
기타		

<table>
<tr><td colspan="2" rowspan="2">일화기록(실습 1주)</td><td rowspan="2">결 재</td><td colspan="2">보육실습생</td><td>지도교사</td><td>원 장</td></tr>
<tr><td colspan="2">㊞</td><td>㊞</td><td>㊞</td></tr>
<tr><td>관찰유아</td><td>(만 세)</td><td>성 별</td><td></td><td>관찰일</td><td colspan="2">20 년 월 일 요일</td></tr>
<tr><td>관 찰 자</td><td></td><td>관찰시간</td><td colspan="4"></td></tr>
<tr><td>관찰장면</td><td colspan="6"></td></tr>
<tr><td>기 록</td><td colspan="6"></td></tr>
<tr><td>해석
및
평가</td><td colspan="6"></td></tr>
</table>

일화기록(실습 2주)		결 재	보육실습생	지도교사	원 장
			㊞	㊞	㊞
관찰유아	(만 세)	성 별		관찰일	20 년 월 일 요일
관 찰 자		관찰시간			
관찰장면					
기 록					
해석 및 평가					

<table>
<tr><td colspan="2" rowspan="2">일화기록(실습 3주)</td><td rowspan="2">결 재</td><td>보육실습생</td><td colspan="2">지도교사</td><td>원 장</td></tr>
<tr><td>㊞</td><td colspan="2">㊞</td><td>㊞</td></tr>
<tr><td>관찰유아</td><td>(만 세)</td><td>성 별</td><td></td><td>관찰일</td><td colspan="2">20 년 월 일 요일</td></tr>
<tr><td>관 찰 자</td><td></td><td>관찰시간</td><td colspan="4"></td></tr>
<tr><td>관찰장면</td><td colspan="6"></td></tr>
<tr><td>기 록</td><td colspan="6"></td></tr>
<tr><td>해석
및
평가</td><td colspan="6"></td></tr>
</table>

<table>
<tr><td colspan="2" rowspan="2">일화기록(실습 4주)</td><td rowspan="2">결 재</td><td>보육실습생</td><td colspan="2">지도교사</td><td>원 장</td></tr>
<tr><td>㊞</td><td colspan="2">㊞</td><td>㊞</td></tr>
<tr><td>관찰유아</td><td>(만 세)</td><td>성 별</td><td></td><td>관찰일</td><td colspan="2">20 년 월 일 요일</td></tr>
<tr><td>관 찰 자</td><td></td><td>관찰시간</td><td colspan="4"></td></tr>
<tr><td>관찰장면</td><td colspan="6"></td></tr>
<tr><td>기 록</td><td colspan="6"></td></tr>
<tr><td>해석
및
평가</td><td colspan="6"></td></tr>
</table>

<table>
<tr><td colspan="2" rowspan="2">일화기록(실습 5주)</td><td rowspan="2">결 재</td><td colspan="2">보육실습생</td><td>지도교사</td><td>원 장</td></tr>
<tr><td colspan="2">印</td><td>印</td><td>印</td></tr>
<tr><td>관찰유아</td><td>(만 세)</td><td>성 별</td><td></td><td>관찰일</td><td colspan="2">20 년 월 일 요일</td></tr>
<tr><td>관 찰 자</td><td></td><td>관찰시간</td><td colspan="4"></td></tr>
<tr><td>관찰장면</td><td colspan="6"></td></tr>
<tr><td>기 록</td><td colspan="6"></td></tr>
<tr><td>해석
및
평가</td><td colspan="6"></td></tr>
</table>

일화기록(실습 6주)		결 재	보육실습생	지도교사	원 장
			㊞	㊞	㊞
관찰유아	(만 세)	성 별		관찰일	20 년 월 일 요일
관 찰 자		관찰시간			
관찰장면					
기 록					
해석 및 평가					

영역별 보육활동계획안

<table>
<tr><td>제출일
(1주)</td><td colspan="2">20 년 월 일 요일</td><td>결재</td><td>보육실습생
㊞</td><td>지도교사
㊞</td><td>원장
㊞</td></tr>
<tr><td>실습생</td><td></td><td>지도교사</td><td colspan="4"></td></tr>
<tr><td>반 명</td><td></td><td>일 시
(2주)</td><td colspan="4"></td></tr>
<tr><td>주 제</td><td></td><td>소주제</td><td colspan="4"></td></tr>
<tr><td>활동명</td><td></td><td>흥미영역/활동유형</td><td colspan="4"></td></tr>
<tr><td>활동목표</td><td colspan="6"></td></tr>
<tr><td colspan="5">활동방법</td><td colspan="2">활동자료</td></tr>
<tr><td colspan="5"></td><td colspan="2"></td></tr>
<tr><td>확장활동</td><td colspan="6"></td></tr>
<tr><td>유의사항</td><td colspan="6"></td></tr>
<tr><td>계획안에 대한
지도교사 조언</td><td colspan="6"></td></tr>
<tr><td>실행 후
실습생 평가</td><td colspan="6"></td></tr>
</table>

영역별 보육활동계획안

<table>
<tr><td rowspan="2">제출일
(2주)</td><td rowspan="2" colspan="2">20 년 월 일 요일</td><td rowspan="2">결재</td><td>보육실습생</td><td>지도교사</td><td>원장</td></tr>
<tr><td>㊞</td><td>㊞</td><td>㊞</td></tr>
<tr><td>실습생</td><td></td><td colspan="2">지도교사</td><td colspan="3"></td></tr>
<tr><td>반 명</td><td></td><td colspan="2">일 시
(3주)</td><td colspan="3"></td></tr>
<tr><td>주 제</td><td></td><td colspan="2">소주제</td><td colspan="3"></td></tr>
<tr><td>활동명</td><td></td><td colspan="2">흥미영역/활동유형</td><td colspan="3"></td></tr>
<tr><td>활동목표</td><td colspan="6"></td></tr>
<tr><td colspan="5">활동방법</td><td colspan="2">활동자료</td></tr>
<tr><td colspan="5"></td><td colspan="2"></td></tr>
<tr><td>확장활동</td><td colspan="6"></td></tr>
<tr><td>유의사항</td><td colspan="6"></td></tr>
<tr><td>계획안에 대한
지도교사 조언</td><td colspan="6"></td></tr>
<tr><td>실행 후
실습생 평가</td><td colspan="6"></td></tr>
</table>

반일(오전 · 오후) 보육활동계획안

<table>
<tr><td rowspan="2">제출일
(3주)</td><td rowspan="2">20 년 월 일 요일</td><td rowspan="2">결 재</td><td>예비
보육교사</td><td>지도교사</td><td>원장</td></tr>
<tr><td>㊞</td><td>㊞</td><td>㊞</td></tr>
<tr><td>반 명</td><td></td><td>일 시
(4주)</td><td colspan="3"></td></tr>
<tr><td>날 씨</td><td></td><td>결석 영유아</td><td colspan="3"></td></tr>
<tr><td>주 제</td><td></td><td>소주제</td><td colspan="3"></td></tr>
<tr><td>시간 및 일과</td><td colspan="2">활동계획 및 내용</td><td colspan="3">활동자료 및 유의점</td></tr>
<tr><td></td><td colspan="2"></td><td colspan="3"></td></tr>
<tr><td>유의사항</td><td colspan="5"></td></tr>
<tr><td>계획안에 대한
지도교사 조언</td><td colspan="5"></td></tr>
<tr><td>실행 후
실습생 평가</td><td colspan="5"></td></tr>
</table>

반일(오전 · 오후) 보육활동계획안

<table>
<tr><td rowspan="2">제출일
(4주)</td><td rowspan="2">20 년 월 일 요일</td><td rowspan="2">결 재</td><td>예비
보육교사</td><td>지도교사</td><td>원장</td></tr>
<tr><td>㊞</td><td>㊞</td><td>㊞</td></tr>
<tr><td>반 명</td><td></td><td>일 시
(5주)</td><td colspan="3"></td></tr>
<tr><td>날 씨</td><td></td><td>결석 영유아</td><td colspan="3"></td></tr>
<tr><td>주 제</td><td></td><td>소주제</td><td colspan="3"></td></tr>
<tr><td>시간 및 일과</td><td colspan="2">활동계획 및 내용</td><td colspan="3">활동자료 및 유의점</td></tr>
<tr><td></td><td colspan="2"></td><td colspan="3"></td></tr>
<tr><td>유의사항</td><td colspan="5"></td></tr>
<tr><td>계획안에 대한
지도교사 조언</td><td colspan="5"></td></tr>
<tr><td>실행 후
실습생 평가</td><td colspan="5"></td></tr>
</table>

일일 보육활동계획안

<table>
<tr><td rowspan="2">제출일
(5주)</td><td rowspan="2">20 년 월 일 요일</td><td rowspan="2">결 재</td><td>예비
보육교사</td><td>지도교사</td><td>원장</td></tr>
<tr><td>㊞</td><td>㊞</td><td>㊞</td></tr>
<tr><td>반 명</td><td></td><td>일 시
(6주)</td><td colspan="3"></td></tr>
<tr><td>날 씨</td><td></td><td>결석 영유아</td><td colspan="3"></td></tr>
<tr><td>주 제</td><td></td><td>소주제</td><td colspan="3"></td></tr>
<tr><td>시간 및 일과</td><td colspan="2">활동계획 및 내용</td><td colspan="3">활동자료 및 유의점</td></tr>
<tr><td></td><td colspan="2"></td><td colspan="3"></td></tr>
</table>

시간 및 일과	활동계획 및 내용	활동자료 및 유의점
유의사항		
계획안에 대한 지도교사 조언		
실행 후 실습생 평가		

보육실습을 마친 소감

성 명 :
생년월일 : 년 월 일

보육실습기관에 바라는 사항

성　　명 :
생년월일 :　　년　　월　　일

보육실습생의 자기평가표

성 명 :
생 년 월 일 : 20 년 월 일

못함 잘함

번호	평 가 항 목	척도 1	2	3	4	5
1	보육목표를 달성할 수 있는 보육내용을 영유아의 흥미, 수준에 근거하여 적합하게 선정하였는가?					
2	영유아의 흥미와 능력, 사전경험을 잘 관찰하여 영유아 지도계획에 활용하였는가?					
3	보육활동계획안이 적절하게 계획되고 성실하게 준비되어 실행에 무리가 없었는가?					
4	보육활동계획에 따라 자료를 충실히 준비 하였는가?					
5	영유아의 행동을 민감하게 파악하며 상호작용에 최선을 다했는가?					
6	다양한 흥미영역에 고루 참여하여 영유아의 놀이가 지속되고, 확장되도록 놀이를 촉진하였는가?					
7	영유아의 기본생활습관이 형성되도록 동기를 잘 유발하였는가?					
8	대·소집단 활동 시 보육교사로서 다양한 교수법을 활용하여 효과적으로 활동을 이끌었는가?					
9	영유아의 부정적 정서나 갈등적 상황을 잘 파악하여 긍정적으로 수용하고 적절하게 해결되도록 지도하였는가?					
10	영유아의 개별적 특성, 개인차를 고려하여 지도하였는가?					
11	영유아를 존중하는 언어를 사용하고, 영유아가 잘 알아들을 수 있도록 어휘, 발음, 음성의 고저, 빠르기 등에 노력을 기울였는가?					
12	보육실습일지의 내용과 평가 등을 성실히 기록하였는가?					
13	영유아의 안전, 위생, 건강에 각별히 신경을 썼는가?					
14	영유아의 낮잠, 간식, 점심, 배변활동, 이 닦기, 손 닦기, 옷 입기 등 일상생활이 영유아 스스로 즐겁게 할 수 있도록 지도하였는가?					
15	보육실의 통풍, 채광, 정리정돈 등 청결한 환경을 위해 노력하였는가?					
16	보육실습기관의 지도 방침에 적극 협력하였는가?					
17	보육실습 지도교사와의 관계를 원만히 유지하며 성실히 임했는가?					
18	보육실습 동료들과 잘 협력하였는가?					
19	영유아의 수준과 흥미에 적합한 활동을 계획하고 다양한 행동을 적절히 지도하고자 관련 문헌이나 전문 서적을 찾아보고자 노력하였는가?					
20	실습기간을 통해 보육교사로서의 전문성이 스스로 향상되었다고 여겨지는가?					
합 계		점				

보육실습생에 대한 보육실습평가서

성　　명 :
생 년 월 일 :　　년　월　일
보육실습기관명 :
보육실습기간 : 20　년　월　일 ~ 20　년　월　일

평가영역(배점)	평가항목		배점	점수
근무태도와 자질 (20점)	근무사항	출석, 결석, 지각, 조퇴 등	5	
	태도	성실성, 근면성, 친절, 적극성, 복장 및 용모, 예절	5	
	자질	영유아 존중, 책임감, 인성, 열의	5	
	관계형성	실습지도교사와의 관계 동료실습생과의 관계	5	
보육활동 계획과 실행 (30점)	보육활동 계획	영역별, 반일(일일)보육활동 계획의 적합성과 충실한 준비	15	
	보육활동 실행	영역별, 반일(일일)보육활동의 효과적이고 적절한 실행 정도	15	
보육실습생으로서 역할수행(30점)	영유아 행동 및 놀이 관찰, 보육환경 관찰		5	
	보육일과 진행 보조와 일상생활지도		10	
	영유아 상호작용과 놀이 참여		15	
보육실습일지 작성(10점)	구체적이고 충실한 보육실습일지 작성과 일일자기평가 및 지도교사 평가 반영		10	
총평(10점)	실습기간동안 보육실습생으로서 향상 정도		10	
총 점			100	

20　년　월　일

보육실습 지도교사 :　　　　(인)

어린이집 원장 :　　　　(직인)

보육실습 결과보고서

1. 보육실습생 성명 :
2. 생 년 월 일 : 년 월 일
3. 보육실습 기관 :
4. 보육실습 기간 : 20 년 월 일부터 ~ 20 년 월 일까지(주간)
5. 실 습 내 용

제1주	제2주 - 제3주	제4주 -제5주	제6주

6. 보육실습 평가

근무태도와 자질 (20점)	보육활동 계획과 실행 (30점)	보육실습생으로서 역할수행 (30점)	보육실습일지 작성 (10점)	총평 (10점)	총점 (100점)

20 년 월 일

____________________어린이집 원장 (직인)

보 육 실 습 확 인 서

(자격증 신청용)

1. 실습 이수자 기본사항

이 름	주민등록번호	양성교육기관명
	-	

2. 실습기관

실습기관명		실습기관 보육정원	
기관종류		최초인가일	
주소			
연락처			

3. 실습 지도교사

이 름	자격 종류	자격번호

4. 실습 기간

실습기간	20 년 월 일 ~ 20 년 월 일(주간)
실습시간	총 시간(매주 요일 ~ 요일까지, 오전 시 ~ 오후 시)

위 사람은 영유아보육법시행규칙 제12조 제1항에 의한 보육실습을 충실히 이수하였음을 확인합니다.

20 년 월 일

어린이집 원장 (직인)

학과장 (직인)

※ 첨부서류

1. 실습기관 시설인가증 사본 1부 2. 보육실습 지도교사 자격증 사본 1부

※ 「어린이집지원시스템」을 통하여 보육실습확인서를 출력한 경우 첨부서류를 제출하지 않아도 됨(단, 유치원은 양성교육기관에서 양식제공)

※ 기관종류 : 어린이집, 교육과정과 방과 후 과정을 운영하는 유치원 중 선택

자격종류 : 보육교사 1급, 유치원 정교사 1급 중 선택

보 육 실 습 확 인 서

(양성교육기관 보관용)

1. 실습 이수자 기본사항

이 름	주민등록번호	양성교육기관명
	-	

2. 실습기관

실습기관명		실습기관 보육정원	
기관종류		최초인가일	
주소			
연락처			

3. 실습 지도교사

이 름	자격 종류	자격번호

4. 실습 기간

실습기간	20 년 월 일 ~ 20 년 월 일(주간)
실습시간	총 시간(매주 요일 ~ 요일까지, 오전 시 ~ 오후 시)

위 사람은 영유아보육법시행규칙 제12조 제1항에 의한 보육실습을 충실히 이수하였음을 확인합니다.

20 년 월 일

어린이집 원장 (직인)

학과장 (직인)

※ 첨부서류
1. 실습기관 시설인가증 사본 1부 2. 보육실습 지도교사 자격증 사본 1부

※ 「어린이집지원시스템」을 통하여 보육실습확인서를 출력한 경우 첨부서류를 제출하지 않아도 됨(단, 유치원은 양성교육기관에서 양식제공)

※ 기관종류 : 어린이집, 교육과정과 방과 후 과정을 운영하는 유치원 중 선택
자격종류 : 보육교사 1급, 유치원 정교사 1급 중 선택

[미출력자나 출력된 보육실습확인서에 실습 지도교사가 출력되지 않았을 경우 실습기관에서 받아올 자격증 신청용 공문]

○○○ 어린이집/유치원

수 신 ○○대학(교) 총장 또는 ○○대학(교) ○○과 학과장 / ○○보육교사교육원장
경 유
제 목 실습 지도교사 1인당 3명 이내의 보육실습생 지도 확인서류

본 어린이집(유치원)에서는 아래의 보육실습 기간 동안 1인의 실습 지도교사가 3명 이내의 실습생을 지도하였음을 확인합니다.

1. 보육실습 기간 : 20 . . . ~ 20 . . .
2. 실습 지도교사 및 실습생

실습 지도교사	실습생	학교 및 학과

붙임 1. (증빙서류가 있는 경우 제출)

○○ 어린이집 원장/유치원장 직인

기안자직위 ○○○ 검토자직위 ○○○ 결재권자직위 ○○○
협조자

시행 처리과명-년도별 일련번호 (시행일) 접수 처리과명-년도별 일련번호 (시행일)
우 도로명 주소 / 홈페이지 주소
전화번호( ) 팩스번호( ) / 전자우편주소

[미출력자나 출력된 보육실습확인서에 실습 지도교사가 출력되지 않았을 경우 실습기관에서 받아올 양성교육기관 보관용 공문]

○○○ 어린이집/유치원

수 신 ○○대학(교) 총장 또는 ○○대학(교) ○○과 학과장 / ○○보육교사교육원장
경 유
제 목 실습 지도교사 1인당 3명 이내의 보육실습생 지도 확인서류

본 어린이집(유치원)에서는 아래의 보육실습 기간 동안 1인의 실습 지도교사가 3명 이내의 실습생을 지도하였음을 확인합니다.

1. 보육실습 기간 : 20 . . . ~ 20 . . .
2. 실습 지도교사 및 실습생

실습 지도교사	실습생	학교 및 학과

붙임 1. (증빙서류가 있는 경우 제출)

○○ 어린이집 원장/유치원장 직인

기안자직위 ○○○ 검토자직위 ○○○ 결재권자직위 ○○○
협조자

시행 처리과명-년도별 일련번호 (시행일) 접수 처리과명-년도별 일련번호 (시행일)
우 도로명 주소 / 홈페이지 주소
전화번호( ) 팩스번호( ) / 전자우편주소

Child Care Practice Diary

93370
9 788982 518379
ISBN 978-89-8251-837-9